AQUARIUS

AQUARIUS

AQUARIUS

AQUARIUS

Vision

一些人物，
一些視野，
一些觀點，
與一個全新的遠景！

街頭的流離者

一名街頭社工與無家者的交會微光

楊小豌（社工）◎文字．攝影

我多次流離，你都數算；你把我的眼淚裝在你的皮袋裡。這不都記在你的冊子上嗎？

——《聖經．詩篇 56:8》

各界人士共好推薦

（依姓氏筆劃順序排列）

文國士（蛻變方成事協會創辦人）

朱剛勇（「人生百味」共同創辦人）

江婉琦（作家）

巫馥彤（台灣獄政工作權益促進會理事）

李佳庭（攸惜關懷協會社工）

李玟萱（文字工作者）

林立青（作家）

孫大川（前監察院副院長／「貧窮人的台北」發起人）

徐敏雄（國立台灣師範大學社會教育系教授）

張正（燦爛時光東南亞主題書店負責人）

張娟芬（作家／廢除死刑推動聯盟理事長）

陳又安（台灣街角家關懷協會理事長）

陳怡伃（國立台灣大學社會工作學系副教授）

陳紫雲（慈善撒瑪黎雅婦女關懷協會社工督導）

黃克先（國立台灣大學社會學系教授／《危殆生活》作者）

黃益中（公民教師／《思辨》作者）

楊淑秀（國際第四世界運動華人世界聯絡人）

臺灣夢想城鄉營造協會

劉一峰（花蓮玉里天主堂神父）

蔡晶玫（台中旌旗教會主任牧師／沐風關懷協會理事長）

顧玉玲（作家／國立台北藝術大學文學跨域創作研究所副教授）

【推薦序】

除非人們想走得更遠一點

文◎朱剛勇（「人生百味」共同創辦人）

二〇二四年初，十幾個來自台灣的NGO工作者歷經十多小時飛行與轉車，來到巴黎一處郊區。這裡緊鄰梵谷生前最後居住的奧維小鎮，除此之外並無任何觀光景點。吸引我們來此的，是一個以貧窮者為主體號召的國際組織：第四世界運動（ATD Fourth World）。這是從一九五七年起，由一位天主教神父號召世人與「窮人的智慧」共同拒絕赤貧的行動，志願者們在培訓後進入貧困社區，與居民一同生活，在日常中學習對話與經驗，同時也相互培力、橫向連結，組織成對公共事務發聲的行動群體。

此運動從巴黎貧民窟出發，至今已拓及全世界。ATD發起人在法國經濟社會理事會（CES）提出的貧窮研究報告書，首次提及「社會排除」（Social Exclusive）概念，影響後來法國的社會福利設計，推進醫療、住宅、就業等反排除政策，更促使聯合國在二〇一二年通過《人權與極端貧困問題指導原則》。

促進世界改變的力量，來自於最隱蔽的群體

其中一天行程，我們來到赫忍斯基記憶中心。第四世界運動在此典藏了數十年來從貧窮社區而來的紀錄：從行動發起人若瑟．赫忍斯基神父的手稿、演講，志願者所做的筆記，到貧窮經驗者的畫作與書信。若瑟神父甚至保存了一位小女孩送來的紙條：這張小小皺皺的便條上，寫著走投無路的母親想借些錢，餵飽自己的孩子。「這張紙條傳遞的訊息不只是請求，更包含經驗者對於貧窮所感到的羞恥與痛苦。」

這些物件被仔細分類在檔案室，用不同的溫、濕度保存。它們為貧窮研究報告提供珍

貴文本，許多研究者也會來此申請瀏覽，作為學術與政策研究重要參考。

除了研究者，貧窮經驗者也是這裡重要的訪客。負責管理檔案的工作人員告訴我們：「窮人的生命常歷經驅離、安置。失根使人們容易陷入身心折磨。」貧窮經驗者也會來此調閱自己親人與家鄉社區的檔案。一位女士在年幼時便被安置，與家人分離，後來她找到了失散的手足，發現大家都因受創而衍生疾病。他們一起來到記憶中心，找到母親的檔案與書信。

「我一直以為母親是因不愛孩子、不負責才害我們被拆散，原來她曾經如此努力爭取我們，但也因失敗而深陷痛苦。」

歷史能治病嗎？
書寫與記錄的意義

「然後呢？這位女士因此好轉了嗎？」聽完故事後，一些人急切詢問，工作人員笑而未答。來自台灣的工作者們也立刻意識到這問題多天真，尷尬地笑了。身為投入在邊緣群體中行動多年的我們，當然明白面對苦難從沒特效藥；何況看見紀錄，人就康復，那還需要助人工作者存在嗎？然而此刻，我們是為何因經驗者與歷史的相會而觸動？甚至因此被激發出一點天真想像？

傅柯在研究監獄、精神病院中的權力結構過程，曾寫下一篇名為〈聲名狼籍者〉的文稿，敘述在閱讀這些病人、犯人的官方檔案時，曾有此揣想：「**在這些不再言說的名字背後，在這些極有可能包含著錯誤、虛假、不公、言過其實的短暫敘述背後，有那麼一群人，他們曾經活過又死去，一生與苦難、卑賤、猜忌與喧嘩為伴。**」他形容底層群體自古便是在無光、無名的狀態下度過一生，唯有在與權力的光短暫交會時，才會留下存在的證明。然而權力只會記錄失序與過錯，使這些人從此聲名狼藉，身分被烙下爪痕。

當失去歷史，或被偏頗詮釋，乍聽似乎不會對人造成實質傷害。甚至社會學家高夫曼的《污名》、人類學家斯科特的《支配與抵抗的藝術》，在在都強調經驗者的能動性，其如何與汙名及權力共舞，研發出一套生存技能與智慧，甚至為自我撐出些許空間容納尊嚴。

然而，受壓迫的生命若無法為自己言說，苦難終將以世代傳承。來到記憶中心的女士如此，台灣民主化過程的原民、障礙者與性別等運動，不也是如此嗎？壓迫造成的噤聲使歷史傳承斷裂，經驗群體始終得回頭面對集體的創傷來由，從中辨認與梳理自我、群體，以及社會結構間的關聯，才能得到解放與自主。

光是被好好聆聽，人就能感受到存在

貧窮群體的歷史重建之路是漫長的，然而，每一個瞬間都有意義。在都市貧窮議題耕耘的十年裡，我見證過許多這樣閃亮的瞬間。

回到文章開頭，這些從台灣遠赴巴黎參訪的工作者們來自台灣各個非營利組織，分別從事無家者、脆弱家庭、逆境兒少、精神疾病經驗者等領域的陪伴與倡議。我們在二〇一七年共同舉辦「貧窮人的台北」展覽，並於隔年成立聯盟，開始了以經驗為主體，向貧窮者學習的聯合行動。而本書作者楊小豌也是當時參訪團的成員之一。

社工系畢業的小豌，行動足跡深入街頭、監所，其在《街頭的流離者——一名街頭社工與無家者的交會微光》書中記錄的街頭生命，也讓我看見了這些光芒。年輕的流浪者為何無法信任他人，曾經傷害過家的無家者是否有資格說自己的傷痛，以及外界看似弱勢且單薄的女性，如何在流浪中以韌性的方式而活。

在每則紀錄中，小豌並不總是順利與他者生命連上，許多時候是遭遇閉門挫敗與被質疑。然而，我認為這樣真誠的揭露反而更觸動人心。關係的建立從無捷徑，許多時候行動者只能在黑暗中摸索；而願袒露自我的侷限與意願，猶如在黑暗中點起一道光火，便會映照出彼此的容貌，使人們得以相認、凝聚。這樣的光使人想起非洲祖魯族有一個傳統問候：我看到了你（Sawubona）。而回應方式，是告訴對方：「是的，我也看到你了。」

「若人們想走得遠一點，便會往文學走。」傅科在〈聲名狼籍者〉文末如此作結。這並非意味著要將貧窮與無家浪漫化，而是提醒我們應在龐然數據與制式公文下，真實看見一個個鮮活立體的生命與光。

只要能記住一則故事，一種活法，一位存在的人，被隱匿許久的歷史即在我們不遠處。

【推薦序】

街頭滋養而茁生的豌豆

文◎黃克先（國立台灣大學社會學系教授／《危殆生活》作者）

三年前的春天，在台大社會社工系館四樓的一間會議室內，長方形桌的另一邊，坐著的是一位外表符合大家對「好學生」、「年輕女孩」刻板印象的大學生，她有著一個可愛、親切的名字：小豌。我坐在桌子這一邊，參與著這本以艋舺公園的大哥、大姐為題的學士論文審查。

正值撰寫《危殆生活》的我，那些日子時不時回想起，自己在艋舺公園從事田野調查時，每次與無家者大哥、大姐的相處及他們的語句，總啟發著對生命發展及社會運作想像單一的我；結束一天田野後，返回住處途中，在捷運上的我常會不自覺露出滿足的微笑，覺得當初決定走入這個外人看不見的世界，實在太正確了。

然而，那段時間唯一的困擾，是當旁人問起我在忙什麼時該如何解釋。「太危險了吧！你有結伴嗎？」「那裡不是一堆瘋子、站壁的，會不會久了變得跟他們一樣？」或是對方沉默不語，只報以微妙的笑容。儘管事實並非未進入公園久待的外人想像那樣，但他們的回應正印證了這社會對於無家者及他們棲居的地方賦予的汙名及莫名恐懼，正是這汙名及恐懼阻礙了人們進一步地認識無家者、對其伸出援手或反思自身盲點。

我很難想像，我作為一個外人眼中的成年男性、有一定社會經驗及判斷能力的大學教授，尚且花不少力氣克服種種質疑的目光及言論，及自身劃定的無形舒適圈界線，而眼前這位形象好像小豌豆的女孩，怎會同樣走入艋舺公園做田野？我一方面佩服她自我突破的勇氣，另一方面更好奇她是抱持什麼樣的眼光看待公園裡的無家者——是像某些蹭熱度、想著流量的網紅來獵奇？或欲藉做好事提升自我感覺的一些「善心人士」，想救濟這些他們眼中已失去人性與各種能力的可憐存在？

真的細讀這篇論文，發現小豌是確實投入在這項田野，誠懇、平等，不帶太多預設地與公園住民們長期相處，論文中透露的是沉浸於田野後，「發現」看不見的世界的那種喜悅；這不僅來自知性拓展對過去陌生的社會人群的知識，更因那些被旁人無視、歧視或蔑視的邊緣人，實實在在迸發出可貴的人性尊嚴及互助情誼。她形容這些無家大哥、大姐相處有如「街道芭蕾」（street ballet）——借用自著名的都市研究學者珍．雅各（Jane Jacobs）描繪看似無序，實則背後有邏輯及相互牽引關係的街頭互動。

小豌的論文，最後獲得了台大學士論文最高榮譽的校長獎肯定。這肯定的不只是論文本身的品質而已，還包括論文的起心動念與紮紮實實的研究執行。我當時很好奇未來小豌的發展。帶著這本論文畢業後往下走人生道路的她，是否會再與我相會。倘若再相遇，會是在哪裡？學術研討會上；某社福機構的評鑑會議中；在台北市信義區，與眾多年輕人一同擦身而過？

在這篇文章寫成的幾天前下午，我們再見了，而此時的她已是在街頭滋養、長出堅韌助人力的小豌社工。那個場合是「向貧窮者學習聯盟」（簡稱窮學盟）舉辦的一場座談活動，一同參與的還有來自第四世界運動的國際友人，以及台灣服務貧窮者的幾個團隊。這些參與者雖然遍布各個不同領域——服務對象包括弱勢兒少、精神障礙者、無家者、拾荒者等——但都共享著對貧窮議題的想像，認為要正視貧窮造成人們除了物質匱乏之外的多重傷害，同時在聆聽他們的聲音、尊重其尊嚴及正視其能力的前提下，與他們共融以共榮。因此，會中不只有助人者，更包括有貧窮經驗的人，大家一同集思廣益如何能讓台灣的貧窮問題更被看見，有貧窮經驗的人更願意站出來分享自身經驗，並投身公共倡議。

在會場中，我突然被一個聲音叫住，我轉頭後見到的是熟悉、但不確定為何熟悉的臉孔。經對方解釋，才知道是過了數年後，已出社會工作的小豌。後來才曉得，她這些年陸續從事了監所訪談計畫及街頭外展無家者的工作，並帶著教友們走出會堂的高牆，來到街頭，與我自身過往的經驗多所交集。

《街頭的流離者——一名街頭社工與無家者的交會微光》這本書立基在她工作上的反省，其中有許多觀點都令我深有共鳴。

本書中出現的人物，都帶著各類令我們避之唯恐不及的標籤，即使不撇開眼，也會封上心：令「大人」頭痛的非行少年，身染酒癮的暴力施行者，羞澀躲在街角、不願接觸人群的女人，百病纏身、自我放棄的長者……但透過小豌的眼與筆，讓我們看見他們與我們共享的情緒、感情及人性，同時揭示過去自身無法決定的外在力量及命運，如何偶然地交織出當下的結果。這不是一句「可憐之人必有可恨之處」可以概括，更不能由此得出這是他們咎由自取，而可任他們自生自滅的結論。

從本書小豌的書寫中，我們能感受到街頭流離者的奮力及隨之而來的無力。行文中反映出我們社會立起一堵困住邊緣者的高牆，這牆或許是行之於文字的法令制度，或是人與人相處時，投射至對方的無形思維習慣或刻板想像。牆的高築當初有其原因，也因其築起而保護、捍衛了一些價值與資源，防範了令人恐懼的不確定性，但同時亦排除了最需要幫助的人群，並阻絕了許多可能性。牆既然是人所築，就可以因時、因地置宜地被拆除與重建。

／

台灣許多關於社會救助及社會秩序維護的法令，都是在一九七〇年代走向工業化及都市化時期所確立，反映了當時的社會型態、價值取向及道德恐懼。往後雖多經修正，但根本的邏輯並未改變，亟待調整與重塑。

如今，早已非愛拚就會贏，願做必能有事做、有屋住的時代。今日墮入貧窮、位在邊緣的群體，面臨嶄新的排除型態與無助的困境，需要更多的同理、陪伴及倡議。盼望你我能跟著小豌的書頁及她散發著青春樂觀之氣息踩出的勇敢腳步，直面街頭流離者的臉孔，伸手投入富含意義的未知助人志業。

目錄

各界人士共好推薦 010
【推薦序】除非人們想走得更遠一點 文◎朱剛勇（「人生百味」共同創辦人） 013
【推薦序】街頭滋養而茁生的豌豆 文◎黃克先（國立台灣大學社會學系教授／《危殆生活》作者） 020
街頭的流離者——讓鏡頭說話 033
1 年輕流離者
「被社會淘汰」的年輕人 052
被認為「年紀輕輕卻不工作」的人，在主流社會中被淘汰後，來到街頭仍必須躲在角落中，離群索居地生活。

年少浪子，可能回頭嗎？ 063

在生命的傷口面前，幫助一個人療傷的環境影響重大。

2 女性流離者

當一個女生在街頭流浪 072

在街頭，肢體或性暴力對女性無家者是潛藏的危險。

無望之中的韌性 081

等死的狀態，在街頭並不分年齡或性別。然而在絕望之中，我看見的是人們在環境的限制中，保有自由選擇的行動力。

3 高齡流離者

衰老的甘苦人，可能擁有彩色生活嗎？ 092

從街頭移住到安養院，她會過得比在街頭開心嗎？還是希望她這樣選擇的我們，路過街頭時，會比較沒有負擔？

選擇留在街頭的人 101
沒有人應該因為自己對於生活方式的選擇，而承受他人的指責或怪罪。

4 戒不了的癮

酒精作伴的日子 110
看起來沉迷酒精的人，事實上不一定總是想喝酒；看起來互相分享的關係，不一定是真正平等、互信。

抱有最後一絲希望的賭徒 121
有位大哥下了註解：「有錢活得短，因為一有錢就會花天酒地傷身體；沒錢活得久，除非想不開也可以很快。」

5 有誰是全然可憐或可恨嗎？

詐騙集團的完美操縱對象 130
如果我是他們，困於這樣的匱乏裡，我真的有力氣對簡單得來的好處說不嗎？

可憐之人必有可恨之處嗎？ 141
他說：「可憐之人必有可恨之處啦。」我有一絲驚訝，這句話常被大眾用來評價邊緣群體，沒想到他竟然也這樣形容自己。

夢想是成為一棵開枝散葉的樹 149
透過重要關係的連結，人們總是還能找到在自己不喜歡的世界中，繼續活下去的力量吧。

6 再度爬起來，需要的是連結

管「人家」的事 156
人們經常更容易看見彼此的不同之處，卻沒發現我們其實低估了彼此的共通性。

我陪伴的人，憑空消失了 165
我接納自己感到遺憾、感到失落，但毋須自責。我明白自己在這段關係之中，已付出了我的真誠和關懷。

再度爬起來，需要的是連結 172
陪伴的過程就像是拼拼圖一樣，幫助我慢慢拼湊出他生命的輪廓。

7 何處才是家？

脫街的路上，住宿資源的各種可能 182
有個能安穩入眠的住所，誰會不樂意？只是漸漸地，他們被「習得無助感」所困，自我安慰對自己難以擁有的事物不要太過在意，隨遇而安。

受囤積症所困的無家者，何處才是家？ 190
原來，有些時候什麼都不做地躺著，是一個被逼到極限的人，面對殘酷現實最深的抗拒。

8 面對街角的瘋癲

會不會有一天，被拒絕的人成了我們自己？ 202

我們能否不急著採取「排除」的手段來面對無法理解的人、事、物？會不會有一天，那些被拒絕的人，成了我們自己？

用他的視角感受在疾病中，日常生活的艱難 211

當他恰好不符合主流社會期待的受助者模樣，我還願意提供他怎樣的服務資源？

9 那些無聲的離去

更痛苦的是，活著，卻沒有盼望 224

或許有人會說：去記得這些對整個社會來說死了可能不足惜的已逝街友，意義何在呢？也許死亡更重要的意義，還是讓活著的人去領悟吧。

行李箱珍藏的價值 233

別人不懂這些物品的價值，但他自己明白就好。或許光是收藏它們，陪伴著自己多年來的

生活，就是他心中的某種寄託與撫慰。

10 有沒有一個不淘汰人的社會？

好手好腳，不是可以工作嗎？ 240
在實際接觸之前，我們不會知道眼前這個人做出這樣的選擇，也可能多麼不容易。

街頭是我的教室 248
儘管過程中面對各種挑戰，但我將之視為一種修煉的機會。這些養分，深刻地關乎我如何看待自己、尊重他人及理解世界。

【後記】從那座公園說起 260

相關書目 267

街頭的流離者——讓鏡頭說話

在生命的傷口面前，
我們試著更靠近眼前這個人所面對的處境。

陪伴一個人，需要全村之力

有一種非洲部落精神叫「Ubuntu」，意思是「人性」、「我的存在是因為大家的存在」。部落裡的人們相信，一個人如果犯罪，是因為忘了自己的好，而身邊的人有責任讓他想起自己被創造為人的美好。

如果有一天，我們也帶著傷走向傷害自我或旁人的道路，到那時，我們會希望身邊的人如何將那個健康的自己重新呼喚回來呢？

VICTORY
Win

「他們」的故事，其實也是「我們」的故事。
他們的低谷，或許是我們曾經走過的過去，
亦或是未來將面臨的境地。
其實，我們身處的環境比我們想像的更脆弱。

三猿廣
SANZARU PLAZ

如果回家這麼簡單就好了

即便我無法完全理解他的過去，
仍然相信有某些原因讓他走到今天這個狀態。
在實際接觸之前，我不會知道眼前這個人做出這樣的選擇，
也可能多麼不容易。

不能過度樂觀，但也不能過度悲觀

更重要的是在這些苦難之中，我們如何傾聽、如何理解，如何放下專業包袱，創造一個讓人安心述說的空間，實踐關懷與陪伴的本質。

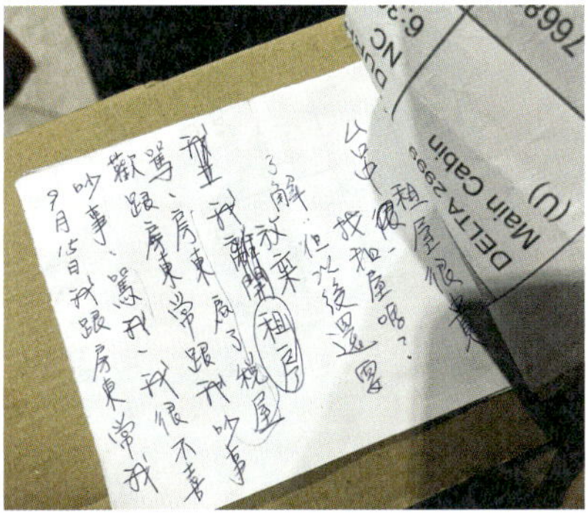
DELTA
Main Cabin

2827-8888
PLUS CODE
月曆
$200
Oct. Nov. Dec.
大誌11月號
#METAVERSE
大誌雜誌
$100

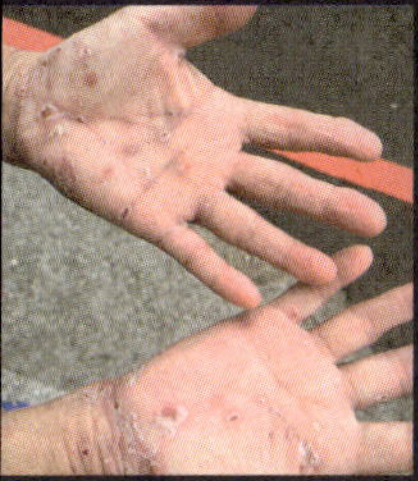

我們有可能對人生的想像拉開更多可能性嗎？

老了的生命並沒有比較輕賤，衰老的餘生應受到同等尊重。

我們每個人
活在什麼樣的迴圈裡？

原來，有些時候什麼都不做地躺著，是一個被逼到極限的人，面對殘酷現實最深的抗拒。

無望之中的韌性

街頭上，住著許多受過傷、跌了跤、失去希望的人。

在選擇看似躺平的生活之前，他們也曾拚搏過，也曾懷抱夢想。

在絕望之中，我看見的不只是人們的無力，還有生命的奇蹟。

有沒有一個不淘汰人的社會？

當我們擁抱著「適者生存、不適者淘汰」的思維，又有誰能保證自己永遠適合生存呢？

有沒有可能，我們一起，盡可能不落下任何人？

1 年輕流離者

「被社會淘汰」的年輕人

【微光筆記】

被認為「年紀輕輕卻不工作」的人，在主流社會中被淘汰後，來到街頭仍必須躲在角落中，離群索居地生活。他們的經歷，常常讓我想起我們這個世代青年的憂愁和壓力。

第一次見到阿奇的時候，我故作鎮定的外表下，心裡其實感到驚訝。除了他手中提著的基金會招牌袋子，根本沒有任何一個徵象能看出他正在流浪的狀態——因為太年輕了。二十餘歲的阿奇，臉上戴著一副斯文的眼鏡，還背著學生用的書包，只是裡面裝的不是書，而是生活用的物品。

和阿奇對話時，鮮少有眼神交會的時刻，因為他習慣低著頭，嘴角微微下垂，說話聲音低到必須非常專注才能聽清。

待在街頭的這幾年，因為一點也不像典型街友的外表，每每去排隊領取物資時都很容易引來閒言閒語：「這麼年輕，不去工作，來這裡跟老人家一起領什麼物資？」有時一些衝突就這麼擦搶走火地上演。因此他不得不多找幾個發放資源的單位，倘若這個地方對他不友善，就設為拒絕往來戶，再也不踏足。

其實為了要取得那些「免費」物資，付出的代價也是不輕鬆。我好幾次看著阿奇背著沉甸甸的行囊，拉鏈層的縫線都快撐到極限，他匆匆忙忙掐著時間要前往下一個慈善單位，要是錯過規定的時間，就得空手而歸。

放棄求職之前

阿奇並不是大學一畢業就沒工作的。只是在工廠工作的那段日子，面對同事之間充滿張力的人際相處，心裡的壓力和焦慮逐漸累積到臨界值。每天進入工廠，周遭有心或無心的言語，都讓他心跳加快、手指顫抖，恐慌的感受漫布全身……

一直到多年後的現在，盜汗的狀況仍然經常在半夜纏上他。批判的聲音如影隨形，壓垮了原已脆弱的精神狀態——最後阿奇崩潰離職，此後便陷入長時間的停滯難行。留在家中和父親之間的衝突也越來越多。離家的姊姊試圖將他接過去一起生活，本是期待弟弟度過這段過渡期後，能自己工作、存錢租屋，卻也逐漸對於他始終跨不出家門的窘境感到無力。

於是阿奇離開姊姊家、遠離家人，來到街頭，找到一處公園的涼亭展開新階段的流浪生活。

作為一名在民間協會服務的社工，我相對不必承受民眾或個案陳情抗議帶來的壓力，能夠以較輕鬆的心態與個案交流。互動過程我注意到，阿奇時常對公部門社工表達不滿。但從這些言談中，我發現**與其說討厭別人，其實他真正討厭的是現在的自己。**

「都是因為我長得太年輕、不夠高也不夠壯，才會去哪都被看不起，工作也不順利。你們都不懂啦！」

他批評政府與社工的無能，認為整個社會都在集體逼迫他走向絕路。認為職場不歡迎他、慈善單位對他存疑，而那些認為他「擺爛又無所事事」的人根本不瞭解他。

我一方面想讓他覺得這些表達有被聽見，一方面又希望能在眼前的僵局中找到可施力的破口，試著說：「我沒參與過你那些受到其他人排斥的過往，也不曉得那些讓你害怕的情境是怎麼發生的，但我相信你一定有機會找到一個適合你的工作崗位。我並不覺得你的身高或外表有什麼問題。**如果你願意，我陪你再嘗試一次，說不定會遇到不一樣的結果啊。**」

阿奇不以為然，依然覺得沒有人可以理解他，用漠然的神情拒絕和我一起重新嘗試，眼神低垂，仍是緊抓著自己的信念：「我就是被社會淘汰了。我就是得了某種無法治療的疾病。」

社工的無力

儘管不相信醫師有辦法幫助他改善任何問題，他終於聽從社會局社工的建議到身心科看診。一進入診間，便直截了當地向醫師表達：「我很不舒服，病得很嚴重。可以幫我開身心障礙證明嗎？」

醫師答道：「我沒辦法現在就開證明，至少要穩定看診六個月後才能做評估。」

聽到這番話，他的身體彷彿豎起一層防備，往後靠在椅背上，用平淡卻帶刺的語氣回應：

「醫生，你根本不相信我說的吧？你是不是根本就覺得我在裝病？」說完他便奪門而出，醫師如何回應已經不再重要，顯然，這段醫病關係在他心裡是毫無信任基礎的。

雖然他曾多次看診，但從未接受過醫師開立的藥物，也不認為自己的病症是可以治療改善的精神疾病。他的目標僅是獲得身心障礙手冊，以便後續申請生活補助，這是在不算短的流浪歲月中，他從一些長輩身上觀察到的生存策略。

「反正那些批評我沒有用的閒言閒語和幻覺，永遠也不會消失，醫生根本幫不了我。」

服務到這樣的個案樣態，對社工來說是很不容易的：**他以強勢的張揚姿態求助，希望助人工作者可以「照著他期待的方式」協助；同時獨自承受著孤獨而動盪，在青壯年階段過著消極、絕望的生活。**

不只一次，社會局社工認真地連結服務資源，最終卻換來阿奇的陳情，指責社工態度不好。社工本來是想讓他和專業的身心科醫師聊聊，尋求可能的改善方案，到頭來卻被阿奇指控為強迫就醫。

我和阿奇的互動並不多，幾次看著他來到據點，在等待衣服烘乾的過程百無聊賴地滑手機、玩遊戲，我試著靠近與他聊天，卻總感覺像面對一道堅硬的銅牆鐵壁，捉摸不透他的內心世界。他固執地認定，那些無法直接幫助他獲得補助的服務都毫無意義。

其實和街上許多朋友建立信任關係的過程，本就需要長時間的互動累積，但是對於像阿奇這樣經常展現「全世界都欠我」態度的人，我的態度也逐漸變得能少招惹最好，避免熱臉貼冷屁股。即便我願意同理街友的困境，面對這類服務對象時，也會因為想避開非必要的麻煩，而在初期的會談及瞭解後，漸漸選擇被動地消極應對。

事實上，正如同大學時社工概論課本會教的，「個案才是自己問題的專家」。**社工能否提供有效能的服務，關鍵往往取決於身在苦難中的當事人是否有動機想尋求改變。**若缺乏這一份個案主體的內在意願，無論社工擁有再多本領與熱情，也可能最終只是一場徒勞，甚至沾得一身汙泥。

如果回家這麼簡單就好了

有次聽阿奇說：「反正再多過幾年以後，即便我老了、殘了，也還是可以和其他長輩一樣到處排隊領便當、領物資和紅包，不會餓死。」

看著這個年輕人在流浪的歲月中，越來越被街頭的生態同化，鬥志全消，我心裡感到惋惜和擔憂。但當他來到我們的據點休息時，我只是寒暄問候，並不給予評價、質疑或責備。**我選擇不在他會在意的傷口上撒鹽，尊重他選擇的生存方式。即便我無法完全理解他的過去，仍然相信有某些原因讓他走到今天這個狀態。**

然而，其他同樣在據點休息的大哥、大姐，未必能夠什麼話也不說。

臨近過年，不管是平時只能睡在朋友家地上的黃伯，還是同樣在街頭露宿的阿張哥，明明某種程度來說，大家都是失了家才會在這裡相聚的漂泊者，卻對年輕的阿奇多了幾分倚老賣老的說教姿態，甚至像唱雙簧般給阿奇灌各種心靈雞湯。

「快過年了，要回家，知道嗎？」阿張哥某天沒頭沒腦地冒出一句。

「對呀，要回家。」黃伯也跟著應和。

阿奇正在攪拌手中的飲料，聽到這話突然停下動作，抬起頭反問：「如果回家這麼簡單，我現在就不會在這裡了啦！你要不要自己先回家給我看？」

阿張哥被頂得愣住，沉默不語。

眼見場面尷尬地僵住，我忍不住打圓場：「每個人的狀況都不一樣，我們不用去講其他人的事情。」

阿奇沒再說話，只是戴了耳機上樓獨處。自此，他更加避免和其他無家者聚在一處。

他曾試圖聯繫家人，但幾次嘗試後發現，那道家門早已對他關上。而如今自己依舊一無所成，回家後，又如何能被接納呢？

我們怎能確認自己永遠不會被淘汰？

阿奇總說：「我就是被社會淘汰了啦。」這句話，讓我不禁反覆咀嚼。

事實上，這句話並不陌生。在街頭，無數大哥大姐也曾這樣說起自己。**「這個社會」指的是誰？它憑什麼淘汰人？**

如果這個社會只能接納符合某些條件的人，一旦掉落於這些篩選條件之外，就成為被淘汰掉的失敗者，那我一點也不想參與這種現實又殘酷的社會。**我又怎麼能確定自己永遠都在「圈內」，永遠不會成為下一個被淘汰的人？**

身心疾病會讓人被淘汰；抗壓性不夠高的人會被淘汰；甚至渴望追求社會認可，也可能讓人被淘汰……

我在街頭見過一些人，正因為曾經汲汲營營地追逐功成名就，向那些曾看不起自己的人爭一口氣，或是投入大量心力和錢財，只為了在一場場考試失利中再拚一次機會……最後的下場卻是人瘋了，家散了，房子沒了。

想要的沒得到，原先擁有的健康和家人也在追逐的過程中失去了。

比如阿船大哥，他說：「我以前是家族裡受敬重的長子，現在這樣落魄能看嗎？」阿船大哥曾經風光一時，多年前的一場車禍奪走了一切。腦中風及血管性失智等疾病讓他的健康急速惡化，如今的他，有時瘋癲、有時恍神，徘徊於街頭。

越深入思索這個社會的運作，越感到毛骨悚然：面對這些因主流的社會價值觀而自我厭棄的人們，他們的痛苦不僅來自物質條件的貧困，我對他們心中那座牢籠亦感到憐憫與悲哀。

我們常提醒一起參與關懷的志工：「**每個人會流浪、失業的歷程和原因都不一樣，不要太快給建議或是評論，要多聽少說。我們的生活經驗差異很大，不能把自己預設的標準套用在對方身上。**」

然而，這似乎就是人們難以擺脫的天性。即便是身處相似境遇的人，也很容易把別人的難題想得太簡單。

特別是像阿奇這類**被認為「年紀輕輕卻不工作」的人，在主流社會中被淘汰後，他們來到街頭，仍不得不忍受四處可遇的冷言冷語，因而選擇躲在角落，離群索居地生活。**他們的遭遇，常常讓我想起我們這個世代青年的憂愁和壓力。

曾聽過一位年輕的無家者分享自身的苦惱，讓年齡相近的我心有戚戚焉。

「也許別人看我年輕，才三十幾歲而已，怎麼不去找個穩定的工作。其實我十五歲就出社會了，這十幾年，我覺得自己只是困在迴圈裡，拚命賺錢、大把花錢。有一天我就突然覺得這種生活不知道意義在哪，我有個心裡的坎過不去，試著過躺平的生活，看看會怎麼樣，反正這輩子也存不到錢買房子。」

不落下任何人

從這些實驗著「躺平生活」的人們身上，總會啟發我去思考《少即是多——棄成長如何拯救世界》這本書當中，關於「成長」的討論。當我們擁抱的世界觀是「適者生存」，並認為只有符合某些條件的人值得「被幫助」，那麼那些無法適應城市生活的人，又該去哪裡安身立命？有房子的只能長年隱居於黑室，沒房子的必須在外面找到不被驅逐之處落腳。

但「他們」的故事，其實也是「我們」的故事。**他們的低谷，或許是我們曾經走過的過去，亦或是未來將面臨的境地。**小至個人的生病、事故、失業，或是關係的背棄、生意失敗，大至疫情、天災、戰亂，每一層風險都可能使人失去立足之地，我們身處的環境比我們想像的更脆弱。

不只這些因為「被社會淘汰」而感到失落挫敗的年輕人，需要擁抱新的眼光來看待自己與他人。我想，身處在這樣一個時代，我們都需要新的眼光來看待世界，重新定義成功與價值。

我們每個人活在什麼樣的迴圈裡？又是用著怎麼樣的標準來判斷自己和他人？**當我們擁抱著「適者生存、不適者淘汰」的思維，又有誰能保證自己永遠適合生存？**有沒有可能，我們一起，盡可能不落下任何人？

年少浪子，可能回頭嗎？

【微光筆記】

在生命的傷口面前，幫助一個人療傷的環境影響重大。如果有一天，我們也帶著傷走向傷害自我或旁人的道路，那時，我們會希望身邊的人如何將那個健康的自己重新呼喚回來呢？

相隔近半年，阿冰熟悉的面孔出現在監所的會面玻璃窗前。他是我服務無家者以來，遇到的第一個年齡最相近的對象。三十出頭的他拉下黑色口罩，露出缺了幾顆牙齒的靦腆笑容，彷彿有萬千情緒在我們的對望中傳來。

獄中的日子並不好過，每天與許多人密集相處。不管是白天在受刑人固定摺蓮花的工場，日復一日地做著重複單調的工作；還是夜晚與假日全天待在九人一間的舍房，共用廁所、浴室，毫無個人空間，過於緊密的距離導致人際摩擦在所難免。

內心情緒本就焦躁不安，其他人讓自己看不順眼的每個舉動更成了助燃劑，隨時可能爆炸。不過阿冰說：「我都有記得你們之前說的話，好幾次我都壓下來了！我有乖乖的！」

老實說，我已不記得自己曾說過什麼。但他這番話讓我明白，這是一種**知道自己被他人關心、在意和叮嚀而有的力量**。若一個被關在獄中的人心中沒有任何會讓他掛念、可以牽動他的情緒或舉動的人，反而容易在麻木與消沉之中自我放逐。

「我打電話給家人，還寫信給他們，可是他們都沒回。只有你們來看我。」阿冰低聲說。

入獄半年來，這是第一次有人來探望他，久違地相見，接見時間卻僅限十五分鐘。

當電話聽筒傳來「接見時間剩下一分鐘」，那份難以言語描述的情緒，透過他掛在眼角的淚珠、沉默的笑容，深刻地傳到窗戶彼端的我們心中。

生活混亂的起點

初識阿冰時，他並不叫阿冰，而是用自己父親的名字，因為從出生後就沒見過父親的他希望能藉此尋找到生父。我直到某次取得他的信任看到身分證正反面，才訝異地發現此關聯。

自小面對眾多輕視和嘲笑，為了贏得重視及認可，阿冰用了很多力氣，渴望做點成績被看見，卻是用錯方式、走上歪路。帶著對生命的滿腹委屈和憤怒，喝酒、吃搖頭丸成了他面對憂鬱與煩惱時最習慣的抒發方式。而聊到前科，傷害、恐嚇取財如同芝麻小事。

家中不知道幾次為他收拾殘局，最後對他失望透頂，媽媽再也不願意為他打開家門，甚至寧願他睡在街頭。

傷痕累累的關係

我們第一次見到阿冰，是在每週日固定於戶外廣場的聚會，當時他剛從監獄出來，睡在百貨公司旁邊，穿著多日未換洗的衣服，身上散發濃重的汗味。

那天他從一早便喝了好幾瓶酒，喝得半醉的高張情緒，嚼檳榔、爆粗口，流著淚吐露不流暢的話語，令人感受到他內心有好多痛苦想要說給人知。

我和幾位志工試圖聆聽和理解，拼湊他藏在零碎話語中的重點。雖然他說得很混亂，我們也聽得很模糊，但「孤單」、「被遺棄」這類字眼是他那天聽到我們聚會中的分享，格外被挑起的情緒，因而重複了許多次。他覺得男兒有淚不輕彈，極力忍耐了，還是無法不讓眼淚潰堤。

手臂上有三條自傷留下的刀痕，昭示出眼前這個年輕人不只渴望與家人和解，和自己的關係也是充滿傷痕。

漸漸地過了好幾週，幾次聚會結束後，他都特別要求額外的傾聽時間，並且願意耐心地坐在原位，等待我和其他人聊完、跟志工們一起開完會之後，來與我分享心事。他說，聚會前後幾天，自己都比平常更忍耐著沒有喝酒，**因為這裡有人願意好好地聽他說話**，讓他暫時遠離酒精和藥物。

起初，阿冰的表達往往是片斷式的不連貫，中間還夾雜著一些粗口，或是在對話必須結束時，以玩笑式的「想死」來情緒勒索。漸漸地，我們發現有些事情不一樣了：聚會期間，他開始專心聽其他人分享，甚至報名參與營會活動，希望能更瞭解自己的生命；也填寫了簡歷，去面試求職。

還住在家裡的時候，他曾經在洗車場工作，後來為了向家人證明自己、能被認可真的有在打拚，而執迷於賺快錢，開始把生活越過越複雜。當時往往需要高速駕車閃躲警察，如今他卻可以心安理得地好好跟警察打招呼。

「現在我覺得不管賺多或賺少，只要有踏實在做都可以，晚上睡得安穩最重要。雖然我沒辦法一次做到所有改變，但我真的有在嘗試。你們都願意相信我、幫忙我，結果我自己的家人連一面也不願意見我。」

在心裡，有一個他在肯定自己，卻也有另一個他在唱衰自己，這是夜晚時分每每想起便在腦袋裡翻攪不停的拉扯，心中那股善與惡的力量始終纏鬥著。

一方面，他明白自己過往的荒唐歲月多麼困擾家人，現在交到一群讓他感覺到溫暖的朋友，多了一些改變的動力；但另一方面，內心揮之不去的失落仍誘惑著他想要用紙醉金迷來麻醉自己，或是以暴力恫嚇獲取在人際中的優越感，來證明自己的價值。

浪子可能回頭嗎？

後來，阿冰陸續因著過往所犯下的竊盜案、幫助詐欺案進行開庭。某一夜，阿冰身為警察的「老朋友」，和我們提前預告了當晚他即將被帶進監獄服刑。我們一起目送他整個人焦慮不安地上車離開。

入獄後是一段時間的沉寂，然後才收到了第一封阿冰借室友名義寄過來的信。信中表達了自己對於幾位他很掛念的哥哥姐姐的道歉與道謝。除了提到讓我們奔波忙碌的愧疚，也訴說自己渴望被家人接納和體諒的心情。

團隊夥伴幾度幫阿冰致電家人，談及他在監獄內的情況及悔悟的心情，無奈於家人們也自顧不暇，遑論與他聯繫或去探望他。媽媽為經濟而奔波繁忙，手足分崩離析，有的忙工作，有的忙著打麻將，家族成員中亦不乏更生人。

更困難的是，對於阿冰是否真的能改變，家人仍舊存疑。在他那一封封自述有所改變、渴望關心的信件背後，是否又是和過去一樣的表裡不一？是否又是為了要請家人寄錢、寄物資而刻意做的鋪陳？這些疑慮往往是卡在受刑人與家屬之間的高牆。

對外頭的親人而言，重要的是自己眼前的生活如何度過，過去的傷痛和一次次失望，讓他們選擇保持距離以自我保護。

而還有幾年刑期的阿冰，在高牆內，仍帶著期望找到父親的執著與遺憾。

陪伴一個生命，需要全村之力

我曾因為參與台灣廢死聯盟的「監所訪談計畫」而入監進行大規模訪談，阿冰的成長經歷就像是我訪談時，遇過的許多長刑期受刑人年輕時的樣子：有時生活開始混亂的起點，不過就是想正常地餬口飯吃；在社會上闖蕩，無非是想獲得關注、受到肯定，卻在誤打誤撞之中接觸到偏門的誘惑。

當野心漸漸被養大，為了眼前的利益而忽略長期要付出的代價，就此在這個環境越走越深，與家人的關係越走越遠。而從小**在求學環境的受挫**、**在家庭環境中的缺憾**、**在同儕群體中的失落**，都可能讓這些年輕的生命彷彿脫韁野馬一樣，持續處在四處和警察躲貓貓的生活險境。

我們都期盼聽到浪子回頭的故事，卻也不乏像阿冰這樣年輕的浪子二度回頭又重返江湖的遺憾。

在生命的傷口面前，幫助一個人療傷的環境影響重大。

也因此，在美國、加拿大及日本等國家都有一個「大哥哥大姐姐」（Big brothers and sisters，簡稱「BBS」）聯盟，由民眾擔任志工，以一對一的方式進行在地扎根的「朋友行動」，像大哥哥、大姐姐般陪伴有需要的孩子長大。

香港有由社工主動出擊的青少年深夜外展（探訪）服務，並設立二十四小時開放的據點「蒲吧中心」。

台灣則有更生少年關懷協會，針對每個離開少年觀護所的少年撥出一通通關懷的電話，並輔導他們安置及就業。並有逆風劇團，透過多元、長期的陪伴，從戲劇出發，支持高關懷少年在歷經生命的逆境後得以修復身心，站上舞台勇敢尋夢。

這些行動都希望透過接觸與陪伴，讓少年在迷惘、混亂和低潮時，得以擁有不同的求助選項。

我很喜歡一種非洲部落精神「Ubuntu」（發音為「烏班圖」，意思是「人性」、「我的存在是因為大家的存在」）：部落裡的人們相信，**一個人如果犯罪，是因為忘了自己的好，而身邊的人有責任讓他想起自己被創造為人的美好。**

如果有一天，我們也帶著傷走向傷害自我或旁人的道路，那時，我們會希望身邊的人如何將那個健康的自己重新呼喚回來呢？

2 女性流離者

當一個女生在街頭流浪

【微光筆記】

在街頭，肢體或性暴力是潛藏的危險。許多女性無家者會選擇依附在更有權勢的異性身邊，或是剃平頭、打扮得較為陽剛。甚至把自己弄得髒髒臭臭，以避免被接近。

在各地的露宿者中，性別比例的懸殊一直都是常態。**根據衛生福利部統計，女性大約占所有露宿者的十分之一，然而，實際上沒有穩定居所的女性人數遠超過調查能掌握到的數字。**

許多女性不得不來到街頭露宿，可能是因為在原生家庭或伴侶家中遇到狀況，或因遭到家暴、被家庭驅逐，或患有精神疾病而不得安住。且受限於傳統「重男輕女」或「男主外、女主內」的觀念，許多女性較缺少受好教育與職業技能培養的機會。

印象非常深刻，我在大學時期初接觸無家者族群時，認識了一位大姐，她的穿著打扮、談吐表達都非常穩重而體面。慢慢熟識後，才得知她會到公園露宿，是因為家裡的孩子都成年了，她終於下定決心離開那個從未善待過自己的丈夫和婆婆。

街頭竟成為一些女性重獲安全感的港灣，這讓我非常震撼。

然而另一方面，**在街頭以男性為大宗族群的生態之下，女性或老人家身在其中的危機感更高。**我曾在公園親眼目睹幾次流血衝突或是酒醉騷擾的現場，即便有監視器與保全巡邏，仍然令人心生畏懼和警惕。

成為街頭的陪伴者之後，我接觸到更多有著不同面貌和故事的女性露宿者。有些女性非常愛美，甚至有潔癖；有些性格外向開朗，善於以情感交換生活所需……

在她們之中，身心障礙的比例偏高。但每個人都有自己獨特而立體的生活風格。

肢體暴力及性暴力的危險

涵涵是個身形嬌小的女子，光聽她的娃娃音和童趣的表達方式，無法判斷她的歲數。當她摘下口罩後笑開來，見到她缺了許多顆牙齒的笑容，才讓人驚覺她反差的年齡。

她經常穿著寬大的長裙，獨自拖著笨重的皮箱，總戴著醫用手套，掩蓋長期困擾她的皮膚感染。平時她行蹤神祕，多半尋覓較隱密無人的地方過夜，唯有在固定發放物資的地點周圍才有機會看到她的身影。

有時涵涵會多留一些食物，要帶到家附近的車站交給親人，或是帶去露宿處，分享給其他街頭上的老弱婦孺。

在以男性為主體的無家者群體中，大部分女性都展現出對於肢體接觸的高度防備和反感，涵涵有點不一樣：她在互動中習慣展現一種親暱，但笑容的背後卻可能潛藏著極大的壓抑或不適。有時我們會收到涵涵傳來訊息控訴誰碰到她的身體，她不喜歡這些肢體接觸，但又因為害怕得罪人而不敢提出。

我們作為陪伴者，雖為她打抱不平，想制止那些讓她不舒服的人，但我們終究沒辦法時時保護她。

有天涵涵神色侷促地搓著雙手，說起自己最近一次在街頭遭受暴力對待的經歷。這絕非我第一次聽聞她遭到暴力，因而在聆聽的當下，我沒有很強烈的情緒反應，也沒有急著和她釐清事件、討論是否尋求法律途徑協助。我就只是看著她的眼睛，靜靜地在傾聽中試著理解她。

「我跟你說，那個流浪漢會打我是因為，我有領殘障卡。醫師說我腦袋這邊有問題，害我沒辦法好好表達心裡面想說的話……」

在街頭，肢體或性暴力是潛藏的危險。許多女性無家者會選擇依附在更有權勢的異性身邊，或是剃平頭、打扮得較為陽剛。甚至把自己弄得髒髒臭臭，以避免被接近。

台中唯一一家女性街友的安置機構：慈善撒瑪黎雅婦女關懷協會

若女性露宿者願意和我們建立關係，我們會試圖詢問她有沒有入住庇護機構的意願。如果有的話，便會聯繫**台中唯一一家女性街友的安置機構——「慈善撒瑪黎雅婦女關懷協會」**，約時間見面評估。

該協會因為看見高比例女性無家者同時面臨精神症狀的困擾，在庇護期間透過固定的醫療協助及陪同、安穩的居所與溫暖的人際關懷，逐漸穩定其身心狀態。其中有些人在固定治療一段時間並確診身心障礙後，經由協會的資源連結，得以順利入住康復之家等精神復健機構；有些則順利與症狀共存，並找到工作，順利存了錢租屋。

街頭竟成了安全的港灣？

但也有很多時候，我們接觸到的女性露宿者不僅抗拒庇護機構，也拒絕醫療資源。除了因為對於團體生活的排斥，也因為處於思覺失調症的發病狀態，其中的症狀之一便是「缺乏病識感」，而對現實有所曲解或深陷被害的思維，認為醫療體系也都是傷害她的一部分。還有一部分女性寧願選擇保留眼下的資源連結和生活模式，也不想承受未知的風險或是被要求參與固定的團體、或外出尋找工作——我發現這樣的女性多半來自功能較不完整的家庭，有更長的流浪歷程。

例如涵涵，她在街頭打滾已有多年，認為自己和其他人並不一樣。她常說：「我不是街友，我有家欸！只是不能回去，我家人會打我！」

因為涵涵幾次與不同男子未婚懷孕，弟弟對她非常反感，每次見面都會一言不合就掄起拳頭，夾在中間的母親疲憊不堪，只能默默希望她在外有個好的歸宿和工作。

當家比外頭還要危險，涵涵選擇用露宿街頭的方式，維持生活的平衡。

恐懼與選擇

「你怎麼不害怕我們這些流浪漢？我覺得很丟臉。我也想要有個家，根本不想流浪，我想找到對自己好的人啊……在外面會被罵說：『一個女生怎麼在這裡流浪？』遲早還可能被強暴，所以晚上聽到有人走過去的聲音，我就怕得爬起來，再也不敢睡。我覺得很孤單、很害怕，也對未來很恐懼……」

涵涵的恐懼絕非憑空想像。根據衛生福利部性侵害事件通報統計，二〇二三年有超過九千人遭受性侵害，其中超過八成為女性，在這之中有一千一百一十二位被害者為身心障礙者，當中又以智能障礙（四百人）、精神疾患（二百九十九人）占最高比例。

有許多無家者也認同「女生不該在街頭拋頭露面」的價值觀。而女性無家者因著獨自生活所面對的種種恐懼未知，更想找到可以依靠和相伴的伴侶。

「想找到對自己好的人，能夠安心地住進房子裡生活」，這樣的心情是許多街頭女性共同的渴望。不想在大庭廣眾之下被看見自己露宿休息的樣子，也是許多街頭女性的顧慮。

恐懼與孤單，驅使部分女性無家者兜兜轉轉依附於當下對自己好的人。

在街頭很常聽見誰和誰「**逗陣**」，意思是在一起，合則聚，不合則散。於是當一些別有意圖的人來到街頭釋出善意，願意接納她們回家共居，有一些女性很容易交付信任，卻因而時常錯信他人、遭到錯待或害怕拒絕等，使自己陷入危險的境地。

在街角露宿多年的阿雲姐曾經和吸毒的男友同居，幾次男友毒癮發作都把她打得鼻青臉腫，她不得不暫時回到街頭避難。但不用多時，又看到她開開心心地說要去跟「逗陣ㄟ」一起睡。

男友入獄服刑時，阿雲姐不甘寂寞，養了一隻又一隻的天竺鼠在街頭陪伴她，一下子說被偷走，一下子說被環保局清除。我看了很介意，認為這樣的生活環境是對動物的虐待，尤其氣憤寵物店僅顧著販售「商品」，都不會評估飼主的能力。

「有什麼辦法？我很孤單，想要有人作伴啊。」剛以幾百元又買一隻新鼠的阿雲姐回應道。

最近又和誰「逗陣」？

除了性暴力，讓人苦惱的還有沒做好避孕措施的性行為。我們認識的幾位女性無家者都曾生育或人工流產掉不只一個孩子。

倘若生下來了，也因為沒能力或沒意願撫養，而交由社會局安置、送養或家人協助。

阿花姐生了兩個孩子，後來便獨自在外頭繼續過著不受拘束的生活，孩子留給母親及有緣的新家庭照顧。

當初她逃離了家暴的男友，來到街頭露宿。可是後來「逗陣ㄟ」的伴侶卻是與前男友相似，有「白天」和「黑夜」兩種模式。

白天模式如暖陽，阿花小鳥依人地依賴著男友。她因為生病而必須坐輪椅，男朋友也任勞任怨地陪伴在側，幫她排隊領取物資、用做粗工賺來的錢幫她繳醫藥費、承受她的脾氣，瞻前顧後地協助一切。

然而當黑夜模式開啟，男友遇到了互相請酒、喜歡熱鬧的街頭朋友，便不再是白天溫柔有禮的樣子，過往人生所經歷的痛苦，透過酒精，以最不堪入耳的穢語呈現。幾次喝得失去理智，除了和酒友爭吵打架，也對阿花粗魯以待。

再回到白天模式，兩人又再度互相依靠。看著他們，我總覺得像看著一對遍體鱗傷、卻又熾熱浪漫的靈魂。

光是存活，已是奇蹟

同樣作為女性，在街頭看著一些女性為著另一半瞻前顧後，卻不得對方好臉色，總會困惑她為何做出這樣的選擇；或是看到一些女性周旋於幾個男子之間，人際關係成為她在街頭生活的重要籌碼，我總會好奇背後還有什麼我所不知道的故事。

正是這些聆聽，抵消了我心中有時不免冒出的責難和不解。在這些故事中，從來沒有哪一方是全然的壞人或好人。

身在其中的人，許多時候光是存活已是一場奇蹟，哪能奢望規劃更遠的未來呢？

無望之中的韌性

【微光筆記】

等死的狀態，在街頭並不分年齡或性別。然而在絕望之中，我看見的不只是人們的無力，也見證生命的奇蹟，那種在環境的限制中，保有自由選擇的行動力。

街頭上，住著許多受過傷、跌了跤、失去希望的人。在選擇看似躺平的生活之前，他們也曾拚搏過，也曾懷抱夢想。

探訪時，蹲在一塊塊紙板面前，看著街頭露宿者的雙眼，我曾見過再空洞不過的神情。等死的狀態，在街頭並不分年齡或性別。然而在絕望之中，我看見的不只是人們的無力，也見證生命的奇蹟，那種撐過了難關仍努力活著的韌性，**在有限當中做出選擇的一種能動性——在環境的限制中，保有自由選擇的行動力。**

阿秋姐的故事，尤其讓我印象深刻。

中年的她綁著護腰，帶著從跳蚤市場買來的行李箱剛到街頭不久。她冷靜而沉穩，和據點裡的其他無家者保持著親近又獨立的距離。當其他人拿著手機滑影片、聽音樂時，她總是抱著從圖書館借來的書專心閱讀；按時洗衣、洗澡、領餐。夜晚時，墊著書本作為枕頭休息。

她是個死過許多次的人：從小從事高強度體力活，讓她從腰椎、背部到頸椎都開過刀，累積了糾纏不去的身體痛楚；曾長期遭受丈夫家暴，讓她保持著比一般人更敏感的警覺心；並因公司惡性倒閉和積欠薪水，經濟壓力快把她逼死……

在據點聊起過往時，平日爽朗的她臉龐掛著兩行眼淚。

天要留人，自有出路

「死了許多次」不只是人生經歷，也反映在她屢次的自殺未遂中。

幾年前，原本在科技園區做粗工的她因病失業，灰心喪志之下，某天凌晨企圖跳湖自盡，卻被路人報警救起。當時她憤怒地朝對方拳打腳踢，嘴巴喊著：「為什麼要救我？」不過事後回想起這段經歷，她轉念思考的是：「既然天要留我，自有出路。」於是從此每一次嘗試自殺失敗後，她就會全心全意地努力活下去，若過一段時間，情況未見起色，她便再試一次。

上回嘗試自殺是一個月前——連續數月因健康狀況惡化，無法繼續從事粗工，連帶也付不出房租，在兩個月押金都扣光後，她被迫離開租屋處——自殺不成，公園和車站便成為她夜晚暫時的容身之處。

身心的疲憊啃噬著生活鬥志，每一天忍耐著這些不舒服都非常費力。

「我是抱著混吃等死的心態在苟活啦。」她自嘲，「不只沒有家庭、沒有小孩，我也沒有希望、沒有未來。我為什麼要活得那麼累？活著是為了什麼？我沒有任何目標、希望和前途……」

不想拖累家人，只能獨自苦撐

難道不能向誰求助嗎？

在那些艱難時刻，阿秋姐沉默地咬著牙，並不想麻煩任何人，不是因為手足感情不好，而是從小習慣了報喜不報憂，不想成為家人的負擔。曾經一度在醫院檢查出血糖數值飆升超過四百，有休克或器官衰竭的風險，為了生活，她卻還是準時上工。

「每個人都活得不容易啦。如果哥哥姐姐他們知道我現在的情形應該會想幫忙，但每個人都有自己的煩惱，大家的日子都不太好過，都是中低階層，幫我只會讓他們的生活更拮据。」

阿秋姐在十二個孩子中排行老么，由於母親早逝、父親嗜賭，手足都早早就得獨立，她讀國小前便跟著做零工，小小的身板承受著搬鐵管、搭棚子的辛苦。

「你相信嗎？我從小四開始就沒向家裡拿過半毛錢。」

所有的學雜費和生活開銷都是她用身體勞動換來的，靠著各種打工而堅持念到高中夜校，直到結婚後，婆婆要她跟著丈夫去做水泥工，才暫停了學業。

逃離家庭暴力

年輕時，她渴望擁有自己的家，不到二十歲便在同事牽線下結了婚，沒想到迎來的卻是一段充滿暴力和恐懼的婚姻。原以為婚後是夫妻一起打拚，但丈夫酗酒，她只能筋疲力竭地靠自己工作撐起家，還屢屢遭受踐踏尊嚴的對待。

丈夫常常在外喝醉後回家鬧，有時候她半夜睡到一半被踹肚子，還曾被他用毛巾勒住脖子、拿著菜刀作勢要砍殺。她竟還檢討自己：「以前自己一個女生在外面，必須要強悍、必須保護自己不被欺負，所以脾氣也不好。」

對她家暴的丈夫是個媽寶，而她礙於婆婆是長輩，不願意冒犯，久而久之卻越來越被母子聯手欺凌。

有次夫妻倆在十幾樓高的頂樓天台聊天，氣氛難得融洽，但丈夫酒後又動手掐她脖子，甚至想要把她丟下樓。

這讓阿秋姐嚇壞了，在朋友建議下，她曾試圖向婦女救援團體求助。然而當時大眾普遍缺乏家庭暴力的意識與防範觀念，得到的回應竟然是要她「半年內累積足夠嚴重程度的三張驗傷單」，他們才受理協助。

「那個年代還沒有家暴法，女人被打都只能恬恬。」阿秋姐如此下註解。她只能獨自想辦法，然而提出離婚幾次，對方不願意放手，幾度離家出走都被夫家找到。最後阿秋姐實在忍無可忍，心裡最糟的念頭都冒出來。她找上婆婆，放狠話威脅要和她的寶貝兒子同歸於盡，婆婆被嚇到，才終於放她自由。

試著更靠近眼前這個人

第一次跳湖自盡未遂後，阿秋姐在他人的介紹下，住進女性的安置處所。當時有社工要幫她安排做心理諮商，她卻堅決地認為自己沒有需要。

「該知道的我都知道。有些人說會自殺的人是想不開，但我覺得我是想得太開，人世間沒什麼值得留戀。」她也不諱言：「有一天如果又努力到了極限卻毫無進展時，也許我還是會再度尋死。這就像一個迴圈一樣。」

如今得空便看書，正是因為那時她曾經嘗試過各種可以安定心情的活動，如畫畫、寫字、聽歌、冥想……最後發現看書是最適合自己的方式。

自認看得太清明，而相信赴死是比活著更好的選擇，認為諮商、會談都是多此一舉的無謂談話，所有引導或鼓勵都是已知的陳腔濫調……這樣的想法在我們的街頭工作實務中並不陌生。

有許多旨在探討心理健康資源與貧窮或資本主義社會的書籍，讓我從中深受啟發。比如台灣本土諮商心理師魏明毅的《受苦的倒影——一個苦難工作者的田野備忘錄》、英國社工教授伊恩．弗格森（Iain Ferguson）的《精神疾病製造商——資本社會如何剝奪你的快樂？》、醫療和心理人類學家譚亞．魯爾曼（Tanya Marie Luhrmann）的《兩種心靈——一個人類學家對精神醫學的觀察》。

其實無論是藥物治療為主、或談話治療為主的精神疾病醫療模式，**終究最為關鍵的是我們如何看待苦痛，以及醫病之間的關係。**

阿秋姐和我並肩而坐，慢慢啟齒訴說故事，這份真誠的自我揭露不只展現了對我的信任，同時卻也顯示出一種求助的訊號，讓人更加心疼。

面對無家者的憂鬱情緒或自殺意圖，我們該如何回應？實務上的做法各有不同。對我而言，除非個案本身表達希望看身心科的意願，否則更重要的是**在這些苦難之中，我們如何傾**

聽、如何理解，如何放下專業包袱，創造一個讓人安心述說的空間，實踐關懷與陪伴的本質。當他們面對著基本需求都還難以滿足的生活困境時，如何陪伴他們在改善生活狀態之外，也持續保有可以信任的關係連結。

作為「苦難工作者」，我希望我心中懷抱著愛，在對方願意信任我們、伸出手讓我們拉一把的每個時刻，無論是在留有尿騷味的街頭，或是再日常不過的據點空間，我們都能**透過同理接納的對話，試著更靠近眼前這個人所面對的處境。**

活著是為了什麼？

台語歌手詹雅雯有一首歌〈北極星〉，引起許多甘苦人的共鳴，其中有一段這樣唱著：「人生一路已經行到這，卡苦攏經過有什麼好驚，我不敢想要好過，打拼只為著三頓飽，這款的希望甘有過分啊？」

阿秋姐也有過類似的質問：「我只是想要每天三餐吃得飽，如果連這樣努力都沒辦法順利，我活著是為了什麼？」

活著是為了什麼？

這個用生命發出的提問，我們作為旁人，無法代為回答。

阿秋姐是個曾經失去一切活著的希望，以實際行動赴死又倖存的人，但如果可以，她仍然試著好好活著。曾經在許多關係之中被辜負了信任而失落、受傷，但她仍然願意接納身邊的溫暖與連結，在感受到關懷時，以真誠相待。

在一場街頭友伴的告別式上，我們一起哭著回憶相處的點滴往事，阿秋姐一邊哭，一邊對我們說：「你們不用太擔心，我會好好過日子的。這幾天就讓我好好地發洩一下吧，過後，我會再站起來的。」

這股願意重新站起來的力量，對我而言是助人工作中美好的閃光點。在這段短短的陪伴旅程中，如果我的角色能伴隨對方找到自己生命中的北極星，願意站起來，繼續多堅持一會兒；或者在生活尚未有起色、頭頂也尚無光之時，感覺前行的道路上有多一份溫暖與力量，那便是我賦予自己這份工作的意義。

暫居火車站的那段時期，阿秋姐早出晚歸擔任工地保全，後來順利存到了錢租屋。有一回我來到她曾企圖自盡的那座湖，湖畔的光影在月光下閃爍著。想到她說母親曾在這裡打掃工作，我不禁想：當時她那份不如歸去的心情，是不是也包含了那份在生命仍滿是期待的兒時，對母親的思念？

3 高齡流離者

衰老的甘苦人，可能擁有彩色生活嗎？

【微光筆記】

從街頭移住到安養院，每日張眼閉眼是同一個空間、一週有三天要洗腎，她會過得比在街頭開心嗎？還是希望她這樣選擇的我們，路過街頭時，會比較沒有負擔？

一段時間沒見到阿明哥，有位與他熟識、睡在騎樓下的大哥傳訊息跟我說，他很擔心阿明的腳傷狀況。

阿明哥是一位領有中低收入補助的七旬長輩，他的家不在街頭，而是和兒子一家人同住，但幾乎每天都大老遠地轉車到火車站。因為他覺得車站不僅是匯集物資、餐食的資源中心，還是一個「**能和朋友聊天的地方**」。

前段時間由於兒子酒駕入獄，家中除了補助之外，再無其他經濟支柱。為了幾個年幼的孫女，他拚著七十幾歲高齡又重聽的身軀到工地賣命，然而某次搬運磚頭時，因支撐不住，磚頭在腳上砸出了傷口。考慮到看診費用一次就要很多錢，他便聽信民間偏方，買別人介紹的藥膏，拖著拖著，兩、三個月後竟發展成部分壞死加蜂窩性組織炎的慘狀。

老了就不中用？

我打電話關心阿明哥，平時總是客客氣氣的他，這回難得在電話裡表達：「腳不大舒服。」我想若不是事態嚴重，他多半不願意麻煩我們，判斷他腳上的傷口著實疼痛，趕緊在我的休假日和他約好下午到診所會合。

通電話時，因為阿明哥重聽，我們兩人都必須提高音量溝通。突然，電話那頭傳來另一個聲音不耐煩地嫌棄他：「太吵了啦！」那是阿明哥剛出獄的兒子，我想起他曾經提過，兒子有時帶給他很大的精神壓力。但每當兒子提出經濟需求時，他也總是捨不得拒絕。

看診時，當著醫療專業的醫師面前，阿明哥仍然自顧自地一再重複：「我朋友都說這個草藥的功效好啊！」診所的老醫師逐漸失去耐性。

其實有好幾度，我也感到好疲憊，那是面對自己熟識的長輩固執不聽勸時的同款不耐。在候診間時，為了讓阿明哥聽清楚，跟他說的每一句話都得自帶擴音器般說得讓現場人人聽到，偶爾聽不清楚，還得再重複個幾遍。正當我的表情管理快要鬆懈的時候，心裡又會浮現阿明哥曾說過的，家中子女對他的不耐煩讓他很受傷——這提醒我，**即使上了年紀的他聽不清楚、即使他反應遲鈍，他仍然有感覺。**

和這樣的長輩相處時，最讓我心裡有感的是許多長輩曾經說的「老了就不中用了啦」，而阿明哥所說的格外讓人揪心：「以前聽人家說老了不中用，都覺得怎麼會呢？等自己老了才覺得，唉，真的是沒用。」

在領藥處前面，他笑著露出無奈的神情，說出這句在我心中迴盪已久的話。而我不曉得他望向我的眼神，是否期待著我在此時對他搖搖頭說：「不會，不會沒用啊。」然而在那當下，我也只剩下沉默微笑的力氣。

死了也無所謂的生命……

老了就沒用嗎？

每當聽到這種話，我都想起《下流老人》這本書，並且思考著大學期間修習長照學程所討論的「健康老化」、「成功老化」，究竟怎麼在街頭這些生活困苦又個性固執的長輩身上實現？

《下流老人》一書描述的**高齡者貧困現況有三個特點：收入極低、沒有足夠存款與沒有可依賴的人，讓他們在社會性孤立下難以求助，直到問題惡化了才被發現。**而高齡者的貧窮往往會直接導向死亡，因此因跌倒等意外而安靜地孤獨死並不少見。

當「高齡者不受尊敬、被視為麻煩」、「長壽者變成社會的包袱」這樣的價值觀成為越來越多人內心的想法，會造成人們有個評斷：**「死了也無所謂的生命」**與**「不該死去的生命」**，這種優生思想的危險思考模式往往更容易帶出仇恨言論——包含對於街友等邊緣族群的攻擊。

「離死亡不遠」的玩笑話

同樣年屆七旬的阿清大哥則是妥妥的街頭資源通。五年來在各處流浪過夜，舉凡哪裡可以吃東西、開放到幾點、何時又不營業了，他都把資訊掌握得很清楚。

有一次參加我們舉辦的郊遊活動，回程時，聊到新冠疫情的影響甚大，義診的服務都暫緩了，原先自己固定拿藥的地方都去不了，他感嘆道：「如果沒有遇到你們，我身體大概已經不知道變怎樣了。但還能找誰幫忙？社會局的那個（遊民）就診單也不能常常拿的，只能放著擺爛而已。」

過去的工作常常是做一段時間就撐不下去而不斷流動轉換。久病的人在匱乏的窘境裡，獨自面對著生存的焦慮和擔憂。幸好我們之間因為街頭資源而被牽起相識的緣分，阿清是在領便當時遇到教會的夥伴，因而有了後續的協助。

就像我在地下道認識的每個大哥大姐一樣，阿清大哥也有嚴重的睡眠困擾。失眠的問題從他幼時已種下病根，家中每日每夜的爭吵聲讓腦子經常亂哄哄的，難入睡。長期淺眠的影響之下，如今他仰賴許多藥物來控制身體的狀況：頭暈、尿失禁、狹心症、憂鬱……

他們其實都不確定未來還會活多久，「離死亡不遠」的玩笑話充滿日常。除了日復一日的覓食、找地方吹冷氣、休息打盹，生命似乎也沒什麼目的和方向，但有時感受到的快樂也很純粹。

已經累得不想再拚命

阿清大哥的父母親生了八個小孩，在這個大家庭中，每個孩子都被視為勞動力。因此他年幼時便去做「囝仔工」，一天賺個五元、十元貼補家用，國中畢業後，開始在工廠工作的無數個日子。對他來說，能讀到大學的我們簡直幸福至極。

「這隻是十三歲斷的，這隻是十四歲斷的，這隻是十六歲斷的……」阿清大哥張開兩隻手掌，淡然細數著他那幾隻不完整的指頭的故事，似乎無聲地提醒著我，還有許多底層勞工所處的工作環境是如何令人膽戰心驚。

從五十幾歲開始，阿清大哥的工作便不斷地流動轉換。人們看見露宿在地下道的他，忍不住會質疑：人看起來明明還健壯又清醒，好手好腳的，為什麼不好好去工作？

事實上在一生的歲月裡，阿清大哥大半生都在為生存拚搏。從童工時期開始反反覆覆地撐著失眠的身體疲勞，出入不同的工廠勞動，絲毫娛樂和放鬆都不曾體驗……到了五十幾歲的人生階段，**他已經累得不想再拚命努力來換取生活所需。**

我們有可能對人生的想像拉開更多可能性嗎？如果時光倒流個幾十年，阿清大哥看見自己年輕時如此拚搏奮鬥，結果到了老年依然租不起房子，孑然度日，還累積了一身的慢性病；每當颱風來襲，害怕外出會跌倒受傷，只能在地下道挨餓一整天……他會不會在某個時候，做出什麼不同的決定？

到安養院，會比在街頭開心嗎？

還有位年近八旬的阿雪姨，狀態好時，她元氣滿滿地和周邊的人互動，如社交達人一樣從便利商店店員到路人都是朋友；狀況虛弱時，腎臟功能受損的她，只能躺在地板的棉被上或癱坐在輪椅中。

阿雪姨長期獨自在街頭生活，但她其實有孩子。這些年來她幾次住院是兒女幫忙出醫療費用，並曾協助她租屋，不過她沒住多久便搬離。生活中，大家都有各自的為難，加上她和子女的關係並不親近——二十歲成為母親的她，在子女還小的時候就因不願再承受照顧的壓力，自己去了遠方，把小孩留給手足養大。

一些熱心的民眾看見阿雪姨這樣一個嬌小的年邁阿嬤，卻在寒冷的冬夜孤伶伶躺在外頭，有人會給她金錢或餐食，有人頻頻打電話陳情通報。

面對他人出於關心或不理解而擅自給出的評論，阿雪姨皺起眉頭，露出無奈又帶點不滿的表情：「不要看不起人，誰的錢比較多還不一定呢。**每個人都有自己的苦衷**。我沒辦法跟孩子住在一起。我想要自由，開心地生活。這裡有很多人都很照顧我，如果願意去住安養院的話，我早就去了。」

在我們的服務中，阿雪姨在處遇上相當棘手：明明是被醫師認定應該每週洗腎三天的病患，腎臟功能受損的問題唯有固定洗腎能解，但幾次在治療後，面對乾癢的皮膚和變得無力的身體，她飽受驚嚇而相當抗拒，除非嚴重到必須叫救護車送醫，否則絕不往醫院跑。也因為根本走不了多少路，她不適合獨居，又不願意住安養院，因此只能在醫院和街頭兩點移動。

有次，我陪伴阿雪姨在急診室治療，躺在病床上的她不耐煩地表達：「我要趕快出院啦，不想被困在醫院裡。」

向醫護人員瞭解她的病情時，我聽見幾位已經對她熟悉到不行的醫護人員說，像這樣就是屬於「不配合的病人」，讓他們很難處理。只是也佩服她身體的韌性，明明被醫師認定每週應該有三天洗腎的人卻能拖到這個程度。

我們看待年老、身體虛弱的人，往往期待他們配合度高一點，讓人可以更好地安頓他們的人生最後一哩路。但這樣一來，會不會卻忽略了他們對於「自己想過的生活」的質感與自由的堅持？我們身處在號稱「洗腎王國」、擁有全世界第一洗腎率的地方，但如果阿雪姨選擇的是早早住到安養院，每日張眼閉眼是同一個空間，一週有三天要整整數小時躺在血液透析中心洗腎，**她會過得比在街頭開心嗎？還是希望她這樣選擇的我們，路過街頭時，會比較沒有負擔？**

這些反思對我來說，有點殘酷，有點無解。

直到最後，阿雪姨因為生活再也無法自理，而不得不從醫院轉入安養機構，我所聽見的多半是她的痛苦——身體的凋零讓她難受，見不到親近的朋友、無法自在地活動和找人聊天，這些也讓她感到生不如死……

直面衰老

直面他們的衰老，讓我懷著一個心願：無論是眼前這些年長的大哥大姐，或者未來當自己也邁入老年，願我們都依然能記得，**老了的生命並沒有比較輕賤，衰老的餘生應受到同等尊重。**我希望年老的自己還能擁有尊嚴和意義感。

選擇留在街頭的人

【微光筆記】

無論選擇在街頭生活，抑或居住於屋簷下，我都希望他們有權利擁有自己的朋友、理想、信仰與尊嚴。沒有人應該因為自己對於生活方式的選擇，而承受他人的指責或怪罪。

這幾年陪伴的無家者之中，多位是等年滿六十五歲、申請到數千元至一萬元不等的中低收入老人生活津貼後，才順利離開街頭去租屋。但有一位阿松哥讓我印象深刻，不管經濟狀況如何，他始終堅守街頭，露宿車站。在我看來，阿松的體魄絕對可以用精實壯碩來形容。儘管年逾七旬，他一直維持著鍛鍊身體的習慣，下腰、伏地挺身都難不倒他。

然而，精壯身材底下所承載的卻是天天感到提不起勁，煩憂滿懷的心。

「人家看我的頭那麼光亮，覺得我氣色很好、身體很好，其實我天天都很不舒服，早上很快就沒精神，脖子好緊，做什麼事都沒勁，很想睡覺。怎麼會這樣呢？」

剛開始，我積極地想幫忙「解決問題」。有病症就找醫生嘛，除了他試過的中醫，我也建議他去看身心科。但阿松一開始是覺得「牛頭不對馬嘴」，而相當質疑身心科的效用，後來拿到藥袋時，看到抗憂鬱藥物副作用是口乾舌燥與便祕，鎮靜安眠藥副作用是嗜睡、頭痛、疲倦和眩暈，他認為「症狀相剋」，擔心傷害身體而不願意服用。

一年過去了，我們仍然停在原地，他描述的所有症狀毫無改善。

一定有什麼吸引他留在車站吧

常聽阿松對街頭生活發牢騷：「我覺得這世界上好人真的很少欸，我在車站看到的人，都是貪！也有比如長久不洗澡的、有被害妄想的、非常貪心又自私的。我真的好討厭他們！」因此我原以為他領到補助後，會像其他長輩一樣盡快租個合適的住處，離開自己討厭的人事物，回歸寧靜生活。

然而並未如此，阿松選擇繼續睡在車站。春去冬來，周遭又有誰過世了、誰搬走了……阿松仍然駐守在他的老位置。

後來我發現阿松拿到補助的頭一週就幾乎已經把錢花光光，那些錢變成營養保健的保健品，也成了他「翻身的希望」——這個翻身的心願他許了大半輩子，從未放棄。

從小曾多次搬家，生活不穩定，母親早早離家改嫁他人，父親再娶的太太和他感情淡薄。他年幼時便開始當學徒工作，小學肄業，也不識字。而人生重要的轉捩點是因為分到家族的一筆祖產，他北上買了計程車開始當運將，還有體力從事穩定的工作時，卻總是當個月光族，賺多少就花多少。並且一腳踏入電動賭場，從此沉浸在這個嗜好中，賭到婚姻破裂。屆齡退休時，他把車子賣掉——流浪前的最後一筆收入，仍被他在賭場與翻身的希望上拚搏一空。

阿松相信著廣播所教育他的：「買樂透就有機會創造第二人生，還可以為社會做公益！」

他並說，當他看著空空的荷包，對於我們幫助他的心意感到自責和羞愧時，心裡仍忍不住想著：「我這樣也算是幫助人啊！而且我總有一天會翻身的吧。繼續等待，就有機會！」

繼續追尋，繼續等待

究竟為何如此執著於一夜致富的美夢？我多麼想抓著阿松的肩膀把他搖醒。直到有回聽他說：「為什麼每個人會這麼不同？有人帥、有人醜、有人聰明、有人笨。從小到大，我就是最笨、最衰的。真的啊！」透過這份真誠分享的「自卑」，我似乎明白了，這份執著，或許就是支撐他面對人生的某種力量。

無論是手足之間，或是職業生涯的人際關係，他總覺得自己是最「憨慢」（笨拙）的、最愚笨的、最不被命運偏愛的，還有他不順利的求學歷程、不受歡迎的交友經驗、不美滿的家庭關係……

我聽過他唯一一次給自己的正面描述，是「善良」。

即便是這麼渴望彩券中大獎的他，也曾經選擇把錢花在捐款支持我們的服務，或是贈送自己愛惜的保健品給工作者服用。只不過這份善良也時常以自卑的狀態展現，他會因為我們忙碌中的眼神，或是微小到我們自己沒有意識的舉動，而做出「我們討厭他」的結論；也會因為在街頭瞥見路人望向自己的眼神而感到羞愧、不安。

有一次說起這些脆弱，他忍不住落淚，但又無比厭棄自己的懦弱，並且深受「男兒有淚不輕彈」的觀念影響，而再次感到丟臉和抱歉。

看著這樣的阿松，我不禁想像他小時候的樣子：一個矮小的男孩，站在人群中，頭仰得高高的，多麼希望被周圍的大人們看見，但無論怎麼努力踮起腳尖，始終沒有人注意到他。躲在陰影之中的他漸漸低下了頭，只能落寞地看著地板。

或許就是這樣一個內在小孩，始終還未能得償所願，於是他只能繼續追尋、繼續等待，繼續將大部分的生活補助砸在那個渺茫卻依然存在的希望上，幻想著有一天，當他順利翻身，就能向那些看不起他的人證明自己的成功，也能向幫助他的人證明自己是值得的。

街上有自願在外露宿的人嗎？

曾經，我試著說服阿松：「你現在睡在車站，晚上燈光那麼亮，公車進站會發出噪音，還有躺在地上有濕氣、又硬邦邦，對你的身體都是負擔。何不試試看去租房子，說不定有機會改善身體狀況？」

大概是在街頭聽過很多租屋鬼故事，阿松腦袋想的都是：怕遇到不好相處的房客，怕遇到坑錢的房東。還有更關鍵的擔憂是怕租房子之後，生活太拮据，失去了消費的自由。

不知你是否曾好奇，街上有自願在外露宿的人嗎？

根據我們第一線外展服務的觀察，和阿松一樣明明有露宿街頭以外的居住選項，卻選擇在外生活的人，確實占了一定的比例。

例如有幾位和阿松的年齡相近、同樣在退休後來到街頭的長輩，倘若露宿的地方被所在單位驅趕得太嚴重，他們其實可以回到子女的家，一同住在屋簷下。但因為不喜歡被約束、被干涉，或是不想要麻煩到子女而增添內心負擔，寧可出來睡在外頭的「大房子」。

也有人是因為自己的租屋處太過悶熱、狹窄，除非遇下雨或寒冷時，否則睡在街上反而比房內更通風與宜居。尤其是許多由於身體因素，必須租有電梯、或低樓層平房，而又預算有限的長輩，更容易面臨租屋處環境條件不佳的情況，畢竟「能租得到就很好了，哪還有這麼多選項任由自己挑？」

尊重每個人有自己的選擇

一開始，面對阿松的選擇，我心裡有所不諒解，有種被欺騙的心情，覺得：「我幫你申請補助，不是為了讓你浪費更多錢在那些事情上欸！」對於他一成不變的抱怨，也逐漸失去耐心，不再有餘裕去不帶目的地關照他想被傾聽的需求。甚至一度質疑自己協助他申請補助是不是錯誤的做法。

現在的我，傾向於相信多元的可能性。把補助用在租屋上，阿松的生活滿意度也許更好，但也可能更糟。尤其在弱勢族群的租屋市場中，當一位「高齡無家者」住進租屋處，會不會反倒因為懶得走動、社會退縮，缺少活動、肌肉流失，又缺乏互動帶來的大腦刺激，而反應越發遲緩？或是因為無所事事而獨自飲酒、三餐不繼，因而加速死亡的來臨，比在街頭的生活環境與方式更加傷害身體？這些亦是我們在實務經驗中經常觀察到的現象。

當他做出了自己的選擇，我也看見我的階段性任務已完成，剩下的就交給他自己去承擔與面對，尊重他個人的主體性。

無論選擇在街頭生活，抑或居住於屋簷下，我都希望自己陪伴過的個案有權利擁有自己的朋友、理想、信仰與尊嚴。我都希望有一天，無論他停留抑或遠走，我們都還會像老朋友一樣，見面時自在地打招呼。

沒有人應該因為自己對於生活方式的選擇，而承受他人的指責或怪罪。

4 戒不了的癮

酒精作伴的日子

【微光筆記】

看起來沉迷酒精的人，事實上不一定總是想喝酒；看起來互相分享的關係，不一定是真正平等、互信。每一個選擇都環環相扣地鑲嵌在「人際交換」的禮物經濟裡。

「你從什麼時候開始喝酒的呀？」

「我從出生的時候就在喝了咧。」

眼前的阿南光著上身，悠閒地以大字形躺在大樹下的木棧板上，肩上的毛巾沾滿做工留下的塵埃。

雖然他平日看起來遊手好閒，但其實每週有幾天會去人力公司做粗工，偶爾充當人頭幫忙出陣頭，有時走十幾個小時才賺個五、六百元。他會的工作其實不少，當初北上到台中也是因為有人介紹工作，水電、打鐵、打石都熟悉，只是總做得不長久，待過的公司也換了一間又一間。

「我爸爸是酒鬼。我剛出生的時候就被他餵米酒配牛奶，這樣就不會愛哭吵到他和我媽。」阿南說話的語氣總自帶令人聽了會心一笑的幽默感，但這次並不是在開玩笑。他幾度入獄都是因為從工地下班時，被臨檢抓到酒駕，上一趟關了超過半年。

「出獄以後找不到生活動力，所以就擺爛當街友啦！」

飲酒的起頭

如果要理解阿南酗酒的脈絡，除了從小在家觀察、模仿父親的生活習慣，還有他長年處於一個酒精充斥的交際圈中。早在國中時，他就跟朋友一起出外工作，保力達和米酒成為體力活工作中的必備良伴，便宜又能增強體力、緩解疲勞。

從小，父親酒後最常揍的人，就是比較調皮的阿南。長大後，雖然他偶爾會回家，但父子之間往往因為一件相處上的小事便擦槍走火，父親多次將他趕出家門。

然而，在外面則有一掛一起飲酒、聊天的朋友，排解了他生活上的孤單。有時喝開了，一言不合槓上，但天亮酒醒後又還是朋友。雖然曾有位一起長大的好朋友因沉溺於酒精而失業，頻繁找他要錢，讓他備感壓力，但是剝奪酒精對阿南而言，就像失去朋友、離群索居一樣，等於剝奪了他生存的意義。

流浪的日子裡，「相愛相殺」大概是他的生活態度，「不打不相識，打了就認識」。三天兩頭因為與街頭友伴在酒後起衝突而留下傷痕，明明傷口都已經發炎、化膿，卻好像不是痛在自己身上一般，還是淡定如常。就算是談起被酗酒的父親家暴的過往，語氣仍舊是一貫的輕鬆。看待生活的這種豁達心態，讓我直覺地聯想起他身為原住民的背景，也更加對於他會在意的事物感到好奇。

儘管經常「及時行樂」，但阿南也有自己重視的原則和對身旁人們的關懷。比如過年時，他將一位不良於行的大哥一肩扛起，去領善心人士發放的紅包，再去附近剪百元頭髮。他知道這個同樣愛酒的朋友因為流浪過久，心態已經定型，不太有動力改變生活，拉屎拉尿在柱子旁邊也不足為奇，還試圖說服他：「喝酒、流浪都沒關係，但一定要每天都運動一下。」

有一回，一位街友大哥偷拿其他人的酒，阿南苦口婆心地對他叨念著：「不管那個東西怎麼來的，人家賺的都是辛苦錢，不要去跟人家拿。你需要什麼就來跟我講……」阿南舉了許多自己的生活經驗，像個街頭前輩一樣叮嚀著，念得差不多了，就瀟灑地隨手背起行囊，率性喊了句：「走啦！」準備再去喝幾杯。

哪來的錢買酒？

如果問經常喝酒的街友：「怎麼會有錢買酒？」其實有些人有自己的生活週期，而買酒是他們賺取工作收入最主要的動機。

我曾經協助過一位阿伯，剛認識時，一切互動都看似沒什麼問題，他為人耐心、守信，都能依約準時現身。但是當他做了一天工作領到現金後，隔天就出事了：他喝得醉茫茫地跑去工地，結果被辭退。我們通電話時，他還有點大舌頭地說：「我很快樂啊，我喝到酒了……」原來前陣子戒酒多日，純粹是因為沒錢喝酒。

但也有人是因為身邊的酒友——包括同事或附近的居民——有空時就喜歡帶著酒找他們談天說地。曾經還有人為了努力戒酒，跟我們表達自己必須逃離原先露宿的公園，搬遷至他處棲息，不然一定抵抗不住那些免費的酒精。

街頭上，「人際交換」的禮物經濟

曾經問過一位無家者大哥：「為什麼都會有人請你們喝酒啊？」

他回答：「這樣他需要我們的時候，他一喊，我們就會去啊。」

原來那個人是出陣頭的召集人。有時出陣頭需要去外地，路程比較遠，不容易找到人，但是以酒與幾位經驗老道的無家者打好關係，就可以擁有願意湊人頭的固定班底。

「那你如果不想喝的時候呢？」我繼續提出疑問。

「他會說：『啊我都買來了！』你能不喝嗎？」

然而喝了就等於欠人情，所以當對方需要出陣頭人力時，自己就必須幫忙。影響所及，即便他們偶爾會到工地報到去工作，也變得三天打魚，兩天曬網。

對於長期待在街頭上的人，這其實是一種矛盾的日常循環：看起來沉迷酒精的他，事實上不一定總是想喝酒；看起來互相分享的關係，不一定是真正平等、互信；而看起來對工作吊兒郎當的心態，不一定是毫不在意的。

每一個選擇都環環相扣地鑲嵌在「人際交換」的禮物經濟裡。

也許他們自己也知道這不是最好的選擇，但畢竟**「出外靠朋友」這個道理，對於有些早已和家人關係分崩離析的人而言更是如此。**朋友的一句話常常可以帶來巨大影響。就連已經住到宿舍裡的大哥，明明一個月領著一萬元不到的薪水，仍會因為看到老朋友在街頭喊餓、喊沒酒喝，而大方掏出五百元。

不喝酒，就很難面對自己

酒精除了帶來三不五時在新聞可見的「街頭鬥毆」等人際衝突以外，還有什麼呢？

有人喝酒是因為快樂、因為懷舊，但我們認識一位阿生哥，他說：「不喝酒的話，我就很難面對自己。」因此即使前一天喝到肚子痛，隔天他或多或少還是要再喝點。

相處過程可以感覺到他是很有學問的。小時候曾經把「圖書館館員」的工作當成第一志願的他，沒在做粗工的日子，他會在街頭隨遇而安地躺下休息，也會窩在圖書館裡啃書。

過往因為看見家人賭博賺很多錢，他也跟著踏進去，結果一步錯了就萬劫不復。雖然當初欠的負債過了多年，早因過了追溯時限而被消除，但阿生哥說：「我家人他們已經重新開始了，我卻沒有，我還留在當年。**世界上最可怕的刑罰就是後悔，而且沒有期限。意志力越強的人，背負著後悔的時間越久。**」

在看似糜爛的形象之外

年輕時的風光回憶有時就像一把利刃一樣，讓人在想起時，更加痛恨自己的年少無知，比如同樣也曾賺得多，只是花更多的阿青大哥。

他從年輕時就習慣把酒當成安眠藥，記帳本上最常出現的開支是四十五元的酒飲。為此，他還作了一首打油詩：

喝一杯紅標米酒

就睡

比安眠藥好用
喝酒自負成敗
吃藥就是承認自己是病人
我看不起吃藥的人
喝酒不喝不會怎樣
吃藥就會一生依賴
我比你還正常
你們都瘋子
我為什麼要吃藥？
我靠自己自立自強

認識兩年以來，他常因為喝了酒就吃不下東西，變得越來越瘦。每次見面，都覺得他的兩條腿越來越細，露出如同骷髏般纖弱的骨頭，令人擔心：這雙腿真的還能撐住那副身軀嗎？

「我最近想戒菸、戒酒啦，這種壞習慣要改真的很難，需要決心吧……我從來沒像現在這樣落魄欸。」

阿青以醉酒不醒聞名於此區域，幾次探訪都只見他呼呼大睡，身邊的酒瓶四散，這樣的他卻說出這麼一句含有深意的話。在那看似「糜爛、執拗」的形象之外，那些一起喝酒、一起生活的同伴或路人當中，多少人有機會聽過或想像得到他也會有這樣的感嘆和心情呢？

看似阿青大哥是成天飲酒作樂，其實從他的神情中讀不到一絲喜樂。為了能夠擁有自由，他選擇離家到街頭生活，心裡卻放不下生病的母親。為了能夠好好睡著，他更依賴酒精。

陪伴酗酒者的挑戰

曾經在一位好弟兄因酒醉猝死後，阿青痛悔地試圖求助。

「再這樣下去，我活不過這個月的，一定會像他一樣喝死吧。這次找你們，希望你們幫幫我，我也會幫幫自己。我知道戒酒不能只靠心理輔導，我需要藥物治療。」

然而幾次看過戒酒門診，維持了以巧克力代替酒精的一段時光，沒隔多久，他再度因為飲酒傷身而送急診住院——上吐下瀉、喉嚨灼傷及痛風劇烈，連帶地又丟掉了工作。

有時看著服務對象因不斷酗酒而失去一切，心裡也難免會冒出「他活該，自作自受」的想法，因為陪伴的路程真的太不容易，灰暗彷彿永無止境，每次的曙光都如同曇花一現一樣，不需多長時間，對方又會被打回原形。而對當事人來說，清醒時面對自己重蹈覆轍的現狀與失望的重要他人，內心亦百般掙扎，費力地艱難站起卻又無力改變。

幾次看見當事人手裡一邊拿著酒杯，口裡一邊自嘆著酗酒的可悲：「我一直都想戒酒，但做不到啊，一清醒又想找酒喝。」實在對人體受成癮物質制約的大腦運作感到相當無奈。

越是上癮，越是厭惡自己

有部講述「心理創傷」主題的紀錄片《創傷的智慧》（The Wisdom of Trauma）提到，其實所有的「成癮」跟創傷就像是一體兩面：當一個人越需要依賴酒精、藥物乃至於性愛、食物、購物、自殘等行為，還有**那些使用越多，卻越厭惡自己的東西，往往代表自己正在逃避一些更難以面對的事物**，比如自己，或是曾經發生過的某些傷痛。

陪伴這些有酒癮的朋友，我練習以「What happened to you?」（**你發生了什麼事？**），取代「What's wrong with you?」（你有什麼毛病？）。並試著相信，**每次微小的進步都值得被肯定**：比如過去他要花半年才能從酗酒的循環重新開始，這次只花了一個禮拜；比如這次的工作，他咬牙撐了三、四個月才畫下句點。

比如阿青大哥，即便是醉酒的日子，他還是不忘記帳，酒飲四十五元這幾筆也沒有遺漏。

所有的意義感，都是自己在微小中去找尋和賦予的吧。

抱有最後一絲希望的賭徒

【微光筆記】

這幾年的助人工作，讓我親眼見識到戒賭之路困難重重。還有位大哥對此下了註解：「有錢活得短，因為一有錢就會花天酒地傷身體；沒錢活得久，除非想不開也可以很快。」

留著長長的頭髮和鬍鬚——對阿連來說，這是一種在街頭討生活的刻意打扮。幾個月前當他整整齊齊地剛出現在街頭時，善心人士多半不願意把便當拿給他，認為他「**一看就不是街友**」。

究竟要怎樣的外表，才能證明自己是一位需要幫助的無家者呢？

我想起過去在台北萬華的艋舺公園做田野調查時，遇見好多實際在公園裡露宿的無家者都把自己維持得很整潔又體面，盡可能地每天洗澡。反倒是一位有家可回、單純以公園為交際場所的大哥，彷彿做社會實驗一般，他披著及腰的白髮，身穿鬆垮的大衣，成了外界眼中「典型街友」的代表。每當外國記者想做相關專題報導時，他總是受邀採訪的首選。

纏擾不去的「心魔」

來到街頭的這幾個月，阿連並非每天晚上都出現在火車站，如果當天順利上工，他便會去周邊找一晚兩百塊的網咖休息。

有天聊到接下來的生活規劃，他說打算批一些商品去外縣市販售，希望賺來的錢可以讓他在網咖安定休息一段時日。

「還有什麼打算呢？你會不會考慮去住政府的中繼宿舍，還有利用鼓勵儲蓄的制度讓自己更穩定地存錢？」我詢問他的意願。

他搖頭說：「沒辦法，我這個人的問題不是存錢，而是賺得快也花得快。你說的我都想過，但我覺得存錢這種事情還是得克服自己的心魔。不然不論我存多少錢、存在哪裡或存多久，只需要一天，這些錢就會全部被我花光。」

他笑說自己堪稱「國際級」的賭徒，而那個「心魔」從年輕時就跟隨他至今。從前在科技業工作，他收入優渥，經常出差，總不忘趁機光顧各大賭場，新加坡、澳門的知名賭場都有他的身影。就連新婚赴美受訓，他也抽空前往賭城，兩天就把帶過去的美金全數輸光，再謊稱車禍肇事，向家人借錢。

他用一個又一個謊言來解決每次賭輸錢的危機，家人一再地聽信他的理由而拿出錢補救。這樣瞞了妻子八年，直到孩子出生才安分。然而「乖」了幾年後，今年再度開始——又是在國外的賭場輸得精光。終究紙包不住火，當他還在國外賭著那個發財的夢想，傷心的妻子已經在台灣辦理了離婚。

回到爸媽家，他把自己關在房間足足三個月，試圖透過平靜的生活，和心魔告別。但老人家的擔心與日日叨念，讓他選擇離家來到車站，當作重新出發之前的過渡站。不過因為在多家銀行債台高築，除了特殊時節會到外縣市去做生意之外，他多半只選擇可以領日薪的臨時性質工作，而心魔始終如影隨形。

賭一個「二分之一」的機率

就像許多深陷毒品泥淖的人，經歷相似的悲劇循環，阿連的「**賭徒心態**」早已蒙蔽了理智，最終甚至為了填補欲望的黑洞，無所不用其極，用謊言傷害了最親近的人……難道他不懊悔嗎？他不愧疚嗎？他不想停止嗎？

「我試過了，都沒有辦法。戒賭跟戒菸不一樣。」阿連說。「我聽過有個方法，就是有一個人很關心你，關心的程度讓你覺得很感動，願意為對方把賭戒掉。我曾經遇到，卻沒有好好把握。」

關於賭博，我所理解的是，深陷其中的人，大腦運作的部分功能已經出現異常，不碰賭博就彷彿戒毒會有戒斷症狀一樣，某種程度是大腦生病的狀態，無法單靠個人的意志力克服。也才會有醫院近年開設了「博弈門診」，希望透過綜合認知行為治療、諮商與陪伴等過程，治療個案的賭博成癮。

阿連則認為：「像我們這種沾上了賭癮的人，再去仰賴什麼資源戒賭都沒用啦。一定要自己想清楚才有辦法。」

我直白地提問：「明明可以好好地享受收入優渥、家庭美滿的生活，你是否會懊悔因為染上賭博而走到這一步？」

他說：「我相信的是宿命論，因此並不會為過去賭博成癮而感到懊悔或糾結。我接受老天把我生成這個樣子。」

「那你覺得賭博是在追求什麼呢？」我又問。

他想想後回答：「是一種夢想吧，不甘於現狀、想要發財的感覺。」

他對家人充滿愧疚，自認今日的自己唯一堅定的改變，就是再也不會用任何藉口向他們索取金錢。

另一方面，他卻陷入一種兩難的困境，認為自己只有二元化的極端選擇：要麼完全放棄，什麼都不追求，就像街頭許多人因為身心障礙、老化或沉迷於酒精一樣，成為「躺平族」；抑或一直陷入這種無止境的追求，永遠抱有最後一絲希望，相信自己可以在每一個「二分之一」的機率當中，賺回人生的財富。難就難在他不想躺平，卻也不知如何脫離這種極端的情境。

不過無論如何，他都希望自己正當地靠工作謀生。來到街頭以後，即使挨餓了一整天，仍舊去工地排工上班；遇到民眾要施捨金錢，也選擇留給其他更有需要的人。

戒賭之路，困難重重

這幾年的助人工作，讓我親眼見識到戒賭之路困難重重。

有位大哥雖然露宿街頭，但相當滿足於自己目前找到的落腳處，也因為有工作技術而不愁會長期失業，近十個月來投入幾十萬元在賭場。他就像其他染上賭癮的大哥們，原先只因為沒事做、沒地方去，所以固定花個幾百元進賭場吃喝和吹冷氣，感受裡面的自由；後來逐漸演變成只要一拿到錢，就想進去買個希望。

這位大哥說，關鍵只在於自己的心態。「我也不是沒檢討過自己花錢的方式，可是真的要改變不容易。我會不甘心輸了那麼多，相信自己這一次會比較好運，再度發大財……」腦袋裡一旦有這樣的念頭發動，就再也沒辦法安穩入眠，說什麼也想去討個吉利，甚至呼朋引伴。

還有位大哥對此下了註解：「有錢活得短，因為一有錢就會花天酒地傷身體；沒錢活得久，除非想不開也可以很快。」

但如果真有他們口中「賭贏、賭輸各二分之一的機率」，為何還有這麼多人賭敗家產、淪落街頭呢？

我拿這個疑惑去問阿連，他毫不考慮便回答：「這無法用嘴巴解釋啦，你只能自己親身體會。」思考了一下又說：「不過老人家的勸告很有道理，**有些事情是完全不可以起頭的，只要你一接觸，往往就會萬劫不復。**」

對你而言，人生的終極追求是什麼？

一晚和阿連深刻談話，火車站周邊人聲鼎沸，露宿的人越靠近年節，越是增加。他坐靠著柱子，身旁的家當很少。

談話的最後，我問他：「如果有一天你真的賺了大錢，你想做什麼事？」

他說：「不是我要吹牛，我想捐錢，發便當、發水給街友。」

由於曾經求助慈善單位碰壁，遭到輕蔑的對待，他想要幫助那些值得幫助的人，例如因為變故而不得不躺平的人，以及還在和命運奮鬥的落難人。

我換了一種問法，想進一步知道懷著發財夢而賭博的他，對人生有沒有什麼終極追求。

「想賺大錢，除了成功的開心，還有什麼是你期待得到的？例如是一種給自己的證明，或是其他？」

他藏在鏡片後的眼睛微眯起，微笑著說：「你問到重點了，我會好好想一想。謝謝你，今天的對話帶給我啟發。」

對你而言，人生最重要的終極追求又是什麼呢？

5

有誰是全然可憐或可恨嗎？

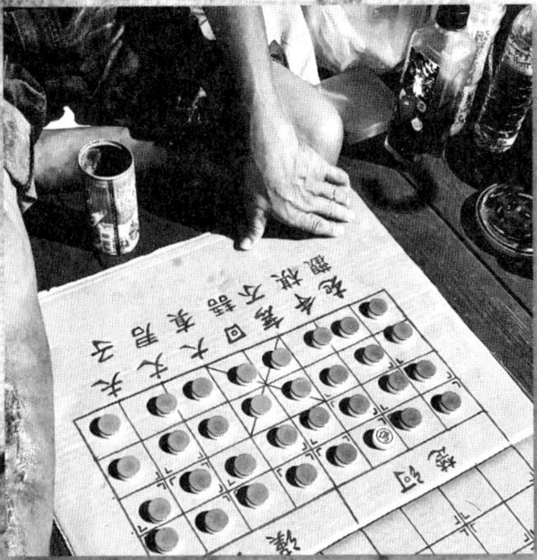

詐騙集團的完美操縱對象

【微光筆記】

為什麼無家者特別容易接到向他們要身分證，說用來登記門號可以賺錢的電話呢？如果我是他們，困於這樣的匱乏裡，我真的有力氣對簡單得來的好處說不嗎？

幾次在火車站見到阿選，他的兩腳膝蓋都是傷痕，走去廁所的路上，只能小碎步移動的他踉蹌好幾次。晴朗夏日裡，當大家穿著輕便短袖，他卻依然裹著那件厚外套，滿頭汗水，沿著臉頰滑落。

直到要和他約時間去看醫生，我才發現原來車站是他目前日常唯一的活動範圍。由於走路步伐不穩，害怕跌倒時無人攙扶，他完全不敢獨自坐車；身旁雖然有一些會關心他、幫他領餐的朋友，但也害怕出意外，不敢陪他冒險走遠。

有幾次我們等公車要去醫院，眼見車子即將到站，我陪著阿選緩慢地上前，快走到車門時，前方最後一位乘客剛踏上車，趕時間的公車司機便快速關門駛離，留下錯愕的我們。偶爾也有候車乘客因著阿選身上的味道、粗重的呼吸聲而頻頻側目，但他的情緒似乎始終平穩，只是氣喘吁吁、汗流浹背，睜著狹長的兩隻小眼睛望著車來的方向。

交出去的身分證

阿選有家族遺傳的高血壓，後來檢查診斷出血管性失智症。

雖然他走得慢、反應也慢，但考慮到阿選已經漸漸對這條就醫的路途熟悉，某次看診，我便和他約在醫院門口，卻遲遲等不到他的出現。後來他湊出幾枚零錢從公用電話打來，告知說：「我沒有健保卡了，今天不能看醫生。」

我直覺事情不對勁，掛上電話後，便去找他瞭解狀況。他說兩天前有個朋友來找他，要跟他拿雙證件，並承諾一週內歸還，還會給他一些錢。阿選同意了，交出了身分證和健保卡。

「這樣我就可以買手機啦。以後打電話給你也不用那麼麻煩了。」阿選很真誠地表達自己想要那筆錢的理由

我卻直覺這是**人頭詐騙的前奏**。

我先跟他說明事情的嚴重性，接著告訴他：「啊你要手機可以跟我說，我們可以試著找二手的啊。你不知道人頭詐欺案的事嗎？我擔心你被騙了。」

阿選仍是非常淡定地說：「你以前又沒告訴我，也沒跟我說你那裡有手機啊。」

確實是如此，除非是為了工作需要，否則我們不太會主動考慮提供個案手機。若是為日常上網或聯繫朋友所需，他們通常自己去找比較便宜的機子。

談了這麼多，我詢問要不要幫他掛失身分證，他卻說：「還是不用吧。」

就算知道被騙了，對於賺錢的渴望還是很明確和真實。我只能尊重他還是想「賭一把」，看看這個他不曉得姓名、也不知道住哪裡和做什麼工作的「朋友」，究竟會不會兌現承諾。

先過好今天就好

一週後，阿選確實拿回身分證，也收到錢。他用新買的手機打電話跟我說：「這次我拿到一萬三耶！我花了兩百多元買手機，還買了耳機，昨天晚上去住網咖。」

那個禮拜約好要看診，他因為從車站的出發時間耽擱，為了在約定好的時間抵達，竟捨得搭計程車到醫院，還喜孜孜地告訴我：「有朋友說要介紹工作給我耶！」

我好奇地問：「工作內容是什麼啊？」

「他說不能說。」阿選做了個噤聲的手勢。

哎，這一聽也是不太妙。我試著白話地和他說理：「如果有這麼好做又好賺的工作，一定有很多人搶著要呀，為什麼會找上你呢？為什麼朋友怕別人知道呢？會不會你現在賺得很開心，過了一年後才要來擔後果？可能會被抓進去關欸！我們看過好多人都這樣欸。」

阿選的反應很緩慢，但很清楚地回應：「我知道，但我現在就是生病啊。」

我試著核對他要表達的意思：「所以你的意思是——其實你不太在意以後可能會被關的事情。先過好今天就好，以後的事，以後再說，至少現在有這些好康就好——對嗎？」

他點頭說：「對啊。」

原來**他不是不明白這些行為可能會讓他犯法入獄，只是目前他似乎也沒什麼好失去的。不冒這個風險而繼續承擔的現狀，對阿選來說難道就比較好嗎？**

如果撇開道德面，單純從效益面來看，阿選的視角很純粹：拿到錢，餓的時候可以買好吃的，渴了可以買好喝的，想聽廣播時還有錢買耳機……這樣的快樂不是更直接而現成嗎？

要理解阿選的想法並不困難。直白地揭開我們彼此所關注的核心差異之後，對於「要他想清楚」這部分，我不再多說什麼。相較之下，眼前更要做的或許是和他聊聊他手頭的一萬多元打算怎麼運用，以及要怎麼小心不被偷走。

為何找無家者下手的人如此肆無忌憚？

在我們開始經營日間關懷據點初期，常見一位穿著襯衫、開著汽車的男士來到門前徘徊觀望，有時車上還載著幾個人。因為形跡太詭異，後來被我們出聲警告並驅離。

跟男人打過交道的幾位無家者，在他離開後，一人一句氣憤地跟我們說：

「那個××被他邀約坐車去廟裡領發財金，領了之後卻要跟他分紅，然後還得自己搭車回來。」

「還有××啊，被他帶去辦過手機門號。」

原本他們因為還不清楚後果，總會聽信那個男人的說詞，就如同上過他車的許多人一樣。但是當後續面臨了有些人被判詐欺，有些人被多扣錢財、還浪費時間，漸漸地，大家不再上當，也不想再理睬他了。

原來那個男人之前在據點門口出沒是在「物色人選」。他在看這個空間裡，還有哪個缺錢的新面孔，或是哪個再度鬼迷心竅的老朋友，可以跟他一起去牟利。

為何這些找無家者下手的仲介人可以如此地肆無忌憚？

曾有一位加總起來人生大半輩子都在獄中度過的孝仔大哥和我們分享過：「人醒著就需要錢。一個人生活不穩定，身上沒錢，才會進進出出監獄。」他並細數身上的詐欺、竊盜案件，發生的時間點往往都是他沒工作又急需現金時。

這也是為何在街頭常聽聞有人被帶走，以辦電話卡、租屋之名行詐騙之實，這樣的惡行層出不窮。

沒有家屬可聯繫的人，是完美操縱對象

我曾經有一次緊張的經驗，因為一位無家者阿強，人生中首度上警察局做筆錄。

某天早上收到阿強傳來訊息，內容表示他前兩天被騙去拘禁在朋友家，並且被監視和控制自由。朋友準備帶他去辦存摺再轉賣，他不想，但如果逃走，又擔心在外頭露宿時會被抓走。訊息的最後一段就像八點檔般的劇情，他寫著：「千萬別報警。他們有槍，還有人控管、拘禁我的行動。」

我不敢直接報警，但是以 LINE 聯繫認識的警察尋求建議。幾經周折後，警方找到朋友家的所在地，直接破門而入，救出了阿強。

沒想到當天下午，阿強從警局打電話來質問我：「我不是叫你不要報警嗎？」

我表面上鎮定地回應：「我沒有報警啊，只是用 LINE 諮詢警察朋友。」但內心不禁忐忑地想：我真的不應該報警嗎？如果不報警，情況會不會更危險？這或許就是人蛇詐欺案件層出不窮的原因：被害人出於害怕、知情人出於擔心，於是動彈不得，無法求助。

後來去警局做筆錄時，從警方得知的訊息讓我安定許多。經驗老道的刑警說：「像這樣沒

有家屬可聯繫的遊民，往往是這類犯罪集團最喜歡的完美對象。幸好這次你跟我們聯絡。假如警方不行動，就無法遏止犯罪，阻止下一個人受害。」

他還說，若我選擇不予回覆或不幫忙求助，阿強很可能會被帶去各家銀行開戶，最後再辦理護照，安排他出國，前往東南亞繼續從事詐欺或網路博弈的工作。這樣的集團無論如何都有辦法從他身上榨出金錢。

為了活命，寧可沉默

在警察局時，我曾問刑警關於阿強這件案子接下來會怎麼樣。

他搖搖頭，無奈地說：「我們也不能怎麼樣。雖然這次大費周章地出動找人，但被害人始終保持沉默，我們警方也無法進行下一步的調查。其實我們完全能理解他對自身安全的顧慮，因此也沒有想強逼他說實話，選擇尊重他的意願，讓他離開。」

當晚去找阿強時，他卻一改在警局什麼都不願透露的態度，向我坦言，這個事件始於之前他收到過去毒品圈老友的臉書訊息，很老實地透露了自己的流浪處及經濟狀況。沒想到對方竟帶人出現在他休息的地方，以「要介紹工作，並提供宿舍」為由，半強迫地將他載走。

「為什麼不跟警方說出這些？」我問。

「啊我就擔心告發他們的話，我回到街上會被他們的人埋伏，到時候警察也無法及時趕來救我。」

就像阿強為了自己的性命安全，寧可選擇沉默。這類案件的被害人多半擔心因著自己的指認而招來報復。因為基於「無罪推定」原則，法院還沒判刑確定前，除非罪刑重大且有串供之虞，或有共犯在逃，才能先聲請羈押，否則即使被查獲，送去地檢署複訊後便能交保。因此在這段過程中，證人確實處於風險之中，不可能受到警察二十四小時的保護。

即使情況適用《證人保護法》，可以將所有資料以代號註記，真實姓名彌封於資料袋，只有檢察官和法官可以打開，但是對於仍感到生存威脅的當事人而言，還是很難冒險吐露真言。

貧窮者如何成為「加害者」？

我看過人頭詐欺案的判決書內容，受害者的損失高達幾百萬元，一定充滿害怕、焦慮和憤怒。但**交出自己人頭資訊的這些貧窮者，他們又是如何成為「加害者」的呢？**

他們是無辜的嗎？似乎也不是。也許有幾位像阿選這樣認知功能受損的當事人，並不一定真能理解這些行為究竟會帶來什麼危害，但這些提供身分證、健保卡來賺錢的人並不是「被陷害」，因為他們確實做出了選擇，為了自己的獲利而不計發生在他人身上的後果。

無奈的是，為什麼這種事特別容易發生在某些人身上呢？為什麼無家者特別容易接到向他們要身分證，說用來登記門號可以賺錢的電話呢？**如果我是他們，困於這樣的匱乏裡，我真的有力氣對簡單得來的好處說不嗎？**

其實這一群人已經在自己所處的情境裡，做出了最理性的選擇。現實的匱乏感、為了滿足生活需求而對現金的迫切感，讓一個人沒有條件去想到遠期會發生的事，這是心理學上說的「管窺效應」，也是《窮人的經濟學——如何終結貧窮？》一書中探討的「貧窮如何影響人的思維」。目標短淺而不顧大局，是一個人受限於自身環境中極容易發生的情況。

在一場司法改革基金會舉辦的人頭詐騙講座中，「人生百味」的共同創辦人巫彥德有段發人深省的發言內容：

「人頭戶不是貧窮者被利用來犯罪的第一個事件或最後一件，很早期就有了，只要社會裡有人被排除，就會有人利用他們來做各種事。像過去當兒童福利還沒發展時，兒童被用來做雛妓。所有的利用都可以拿來用在貧困者身上，因為全都是強制利用，全都是因為沒有錢，『我知道你為了錢，什麼事都可以做』。當貧窮的本質不被看見，這樣的事就會一再發生。

「司法既沒有起到預防犯罪的效果，也沒有正義，因為本來就不正義。他是因為貧困才犯這個法，而你又懲罰他的貧困，罰他更多錢，哪裡正義？

「面對犯罪，如何有更適合的處置和處遇？司法制度是否可能為了貧困者，而發展出更有修復性、更具正義的制度？」

這段內容一直影響著我反思貧困者和司法、監所的關係。究竟這些貧困者在司法制度中所受到的「懲罰」，如何能真正地更靠近「正義」？如何才能真正對於預防犯罪有所助益？

理想而言，當一名貧困的人犯案入獄，怎樣的處遇，對於他有一天「復歸社會」才是真正有幫助的呢？

可憐之人必有可恨之處嗎？

【微光筆記】

我問他：「如果有一天，你就在這邊斷了氣，你會有什麼遺憾嗎？」他斬釘截鐵地說：「不會，可憐之人必有可恨之處啦。」我有一絲驚訝，這句話常被大眾用來評價邊緣群體，沒想到他竟然也這樣形容自己。

大概是臭味過於熏天，地下道的環境問題再度被路人檢舉。公部門的環保清潔人員來到現場，外出的街友們留置於位置上的行李被清除了大半。臭味的源頭阿榮因人在現場，反倒只有受柔性勸導，未被清除任何物品。

阿榮因為中風後，雙腿不良於行，幾乎足不出戶，從手到腳都沾染著嗅覺和視覺可辨的排泄物。睡在周邊的一位大姐幾度幫他清理過環境，或是拿濕毛巾讓他擦拭身體，但沒過幾天，休息區域仍是周圍爬滿螞蟻、布滿髒汙。每次我們來探訪時，大家會有默契地點上蚊香，用蚊香的味道來蓋過漫天臭味，其間還混雜著阿榮為了止痛而一根根點上的香菸味。

要不要成為他的支點呢？

某晚，我們服務團隊預備了趣味遊戲來探訪，獎品是能保存食物、防止老鼠啃食的收納箱。阿榮一個人坐在位置上遙遙地看著我們這邊，不確定他心中在想什麼。

我蹲到他面前，隔著我能忍受的距離詢問：「大哥，你怎麼沒有一起來玩？」

「我已經三天沒起來，爬不起來了。」他說。

見他的眼神透露著沮喪，我還在分辨是開玩笑抑或真心，睡在他隔壁的好友皮哥插話說：

「這幾天他身體和心情都很差。」

我問阿榮：「那你想站起來嗎？」

他點點頭，眼眶布滿眼戻，悲傷和遺憾藏在其中。

見他身體沒有動，我不太確定，想說可能礙於面子，並不想勉強他，便又問了一遍：「你真的想站起來，和我們一起玩嗎？」他說：「我想啊。」看著我沉默了幾秒，接著開口：「但你扶不起來的啦，我那麼重。」

扶他起身移動確實是個艱鉅的任務，先不論力量，光是要接觸他沾滿排泄物的身體就是很大的挑戰。

我先去找正認真與團隊玩著遊戲的皮哥，請他一起幫忙，心裡正擔心會被拒絕時，皮哥二話不說就同意。另一位四十出頭的高壯大哥也主動地一起走來，兩人毫不嫌棄地抱著阿榮的腰和手臂，幫他撐起來。

過程中，我在一旁緊張地彷彿在看慢動作影片，深怕一個不小心，我們都一起倒在那片潮濕、泥濘的紙板上。

突見大哥有一隻手掙扎地揮在空中，「要不要成為他的支點呢？」我心裡百般拉扯，約莫花了三秒克服心理門檻，伸出手讓他扶著走。

這是阿榮三天來第一次站起來。他和大夥一起玩飛鏢，完成任務獲得獎品時，露出一口參差不齊、缺了幾顆牙的笑容。活動結束後，他倚賴著旁人的攙扶，一跛一跛地搖搖晃晃窩回位置，繼續面對被疼痛與惡臭充滿的、看不見盡頭的日常。

過往：可憐之人必有可恨之處嗎？

「我的腳真的太痛了，變天時也痛到不行，沒辦法走，我不是演的。我以前念書時曾經是溜冰選手，還當過教練耶，現在腳變成這樣。」阿榮嘆氣說。

阿榮身無分文地剛到街頭露宿時，原先還能協助牧師到公園發放便當，熟練地背誦主禱文給眾人聽，如今，日常只剩吃喝拉撒睡。我們聊天時，他經常在流淚。

我曾問他：「如果有一天，你就在這邊斷了氣，你會有什麼遺憾嗎？」

他搖搖頭，語氣斬釘截鐵地說：「不會，可憐之人必有可恨之處啦。」

對於這個回應，我心裡有一絲驚訝。這句話常被大眾用來評價邊緣群體，沒想到他竟然也這樣形容自己。

我追問：「你可憐嗎？」

他猶豫了一下，回答：「我也不知道我可不可憐欸。小五的時候，爸媽離婚，爸爸自己跑到台北去，把我丟到台南給不識字的阿嬤照顧。我就是個孤兒啊。」

阿榮的父親總共娶了四個老婆，第一任妻子生下他沒多久就和丈夫離婚。他被交給阿公阿嬤照顧，兩位老人家對這個孫子近乎予取予求地溺愛。大學畢業後，他當了一段時間的上班族、接著經商，卻迷失在花花世界的酒色財氣之中。後來婚姻出軌，就此與前妻和兒子別離二十多年。

我接著問他：「你可恨嗎？」

他點頭說：「可恨。」

在朋友邀約之下，他自認有膽識，加上可以賺大錢而答應販毒，傷害等案件也沒有少做。來到街頭流浪前，曾在數間監所待上大把的歲月。說到這裡，他表情有點複雜地說：「比較起來，監獄似乎是比街頭更好待的地方，除了失去自由，在監獄裡可以確保三餐正常，還能有朋友時時相伴。」

我順著他的話詢問：「那你覺得這幾年，你有沒有錯過什麼覺得本來可以離開這裡的機會？」

他毫不猶豫地說：「有啊，好幾次。之前的朋友有來找過我，還引誘我繼續去販毒，用女色、用暴力……」

我笑了。「這種機會被你錯過，我很替你開心欸。」

阿榮也笑開來。「我也很開心我從關出來之後，就決定不要再賣毒品了。雖然我也沒做什麼好事，但至少沒有再害人。毒品吼，男生為了繼續吸都是偷、盜、搶，女生就賣身體。」

選擇：做出決定的十字路口

如同我在獄中訪談時聽聞的許多故事，因著朋友的邀約、慫恿，迷失於眼前快速又迷人的利益，許多人在江湖路上越走越遠。這幾年來在街頭上，也認識了幾位大哥過往曾參與過幫派，隨著被抓去關、或是年老生病，才逐漸淡出或被趕逐。然而即便來到邊緣的街頭，過往的環境仍保留線頭，只要意志不夠堅定，很容易再度落入一樣的循環裡。

我曾因為信任一位無家者已經放下過去，想要好好工作、治病，往光明的地方努力，於是協助他申請租屋補助。但後來得知的消息是，本來已戒毒許久的他不只和藥頭再度有聯繫，甚至自己也下海成為藥頭，販毒給其他剛出獄的無家者。他也就此和我避不見面。最近一次聽到他的消息，卻是離開人世。

面對這樣的轉折，心中總會感到難過和掙扎。難過的是，惡勢力似乎還是在他的生命中凌駕於其他意願，我想其實這也不是他真正開心的生活，他仍然只是活在被控制的黑暗之中，甚至生前長期為了躲避債主，而選擇去到更偏僻的街角生活。掙扎的是，**我有點羞愧地忍不住自省：當初是否讀錯了信號，而做出錯誤的判斷？選擇幫他申請補助，是否做錯了事情？我當初還能做什麼、說什麼，有可能協助他不要執迷不悟？**

曾經遇過一位為了避免碰毒品，而選擇不租屋的無家者「五哥」。他在年輕時碰毒品的原因，是在那個錢很好賺的年代，身旁朋友都在吸毒，相處久了，自己也開始沾上。

「我其實有錢可以租房子，之前也想過錢存得差不多了就去住。結果一個人吼，很容易再繼續那個壞習慣，住外面的話比較不會啦。」他說。

我好奇地詢問：「是有什麼事情讓你比較願意戒毒嗎？感覺那麼久了，很不容易戒耶。」

五哥笑說：「我孫子跟我說過：『阿公，你那麼喜歡吃牛肉，如果進監獄就不能吃牛肉了耶。』」

不知道孫子的這句鼓勵可以讓五哥堅持多久，但我相信，**有一份「關係的牽絆」，對於想要戒癮的人是至關重要的。**

視角回到睡在地下道、時常哭泣的阿榮——不知道他需要多少時間才可能脫離街頭，但是當聽到在做出選擇的十字路口，原來他拒絕了許多儘管能讓自己有家可住、卻是繼續犯法的誘惑，忽然又覺得或許現在的他反倒是更滿足的。

有誰是全然可憐，或全然可恨的嗎？

某個晚上，當我們再度來到地下道探訪時，睡在阿榮隔壁的好友皮哥突然轉達了一個消息：「他，被主接走了……」接著他說：「前幾天環保局來收東西，我還趕緊跑過去把他的東西留下來，都不知道他已經走了。」

我們輾轉得知，阿榮在最後那段日子經歷了不小的波折：由於有路人見他病痛的模樣而報警，他被送至醫院；出院後，他原本想去某間以前曾去過的教會，但因沒錢付計程車車資，也沒力氣和零錢搭火車，而被送到火車站旁；接著又有路人看到他虛弱地躺在路旁，再度將他送醫——一波三折後，竟然就這樣斷了氣息。

本來以為阿榮哪天可能會在送醫住院後，像部分無家者一樣被安排到安置機構去休養。但或許他還不夠老、病得還不夠重，所以只能卡在那裡不上不下，直到身體無法支撐……

得知他過世時，我想起我們曾談論人生中遺憾的片刻，他那雙隨時要落淚的眼睛，還有那個晚上，大家一起把他扶起來玩遊戲的畫面……

曾睡在那條地下道的人們，有的過世了，有的已離開去租屋，有的多年來仍停留原地……

在這些人之中，真的有誰是全然可憐，或全然可恨的嗎？

夢想是成為一棵開枝散葉的樹

【微光筆記】

更生人復歸社會易被忽略的珍貴面向是「重要關係的重新連結」，而不只是找到就業、居住等資源。透過這份重要關係的連結，人們總是還能找到在自己不喜歡的世界中，繼續活下去的力量吧。

最初認識阿遠時，他睡在騎樓，有時蜷縮在機車與柱子之間的縫隙。昏黃的燈光下，他的臉龐和身形看起來格外削瘦，往後幾年因為持續酗酒的緣故，更是瘦得見骨。

白天他則會移駕到公園廁所後方，好幾次去找他時，剛好碰上有朋友提著酒和他談天說地。儘管他也知道自己身體不好，近年來還是醫院常客，膽、脾臟已切除，胰臟、肝、胃和十二指腸都不好，還有高血壓、低血鉀，也時常酒醉受傷，但平時仍脫離不了三餐不繼、專顧喝酒的生活型態。

不過除了醉酒的模樣，阿遠也有溫文、禮貌又幽默、機靈的一面。他是街頭有著好人緣的「值日生」，除了會幫忙照顧更虛弱的街友，找食物給他們吃，也會主動清理其他街友留下的垃圾與便溺。為了打發漫長時間，還常坐在紙板上，不顧蚊蟲干擾地獨自讀著經書。

這樣的他，為什麼會走到這樣的日子呢？

曾聽聞其他實務工作者認為：瞭解服務對象的過往有何意義？既不能幫助他們成功戒酒，也無法協助他們順利上工。

確實，儘管**瞭解了阿遠的生命歷程**，我仍然沒辦法幫助他戒酒，但卻**能讓我更認識這個人多元的樣貌，搭建出彼此互動的關係基礎。**

為什麼喝酒？當他說因為腦袋很「尬」（卡）、有很多煩心事，喝了才能忘懷，**我想靠近他所感受到的苦痛，並且去理解：帶著這樣的生命經歷，他對什麼事情還會感到期盼和在意？**

酒癮背後，世代經驗的複製

在據點或街友安置宿舍中，也有像阿遠一樣把「酒」看得比吃飯更重要的人，無所不用其極地偷渡酒精。他們會帶著空寶特瓶到超市，請老闆把酒精倒入瓶子裡，除了掩人耳目，還能賺取回收費。

倘若問他們一句：「你是從幾歲開始喝酒？」回答往往令人驚訝。我聽過早在剛出生時，原住民爸爸為了讓嬰兒不哭啼而餵以米酒配牛奶（就像前文提過的阿南）；或是在隔代教養的家庭，和外公一同養成「喝一杯後才能睡覺」的習慣。

一開始感到不可思議，到後來我已經不知不覺地長出敏銳的腦迴路，接觸酒癮者便想探詢他們背後的成長歷程。

阿遠的父母和家族長輩都有喝酒的習慣，他十歲時，長輩便邀他共喝四十度的高粱酒。爸媽喝醉後還會對他行肢體暴力，媽媽並沉浸在打麻將之中。幾年前，父親躺在病榻上，由阿遠照顧了兩年多後病逝，手足拿到遺產不到半年便全數賭光。

一些**世代複製**的痕跡，在這個家的故事中明顯可見。

高齡更生人，艱困的社會復歸路

阿遠曾經當過多年職業軍人，後來在他人介紹之下，轉而投入能快速賺大錢的暴力討債工作，卻因為殺人案件入獄。

他之所以犯下殺人案，也是因為酒。那年他還不到三十歲，某天，朋友到家裡和他母親喝酒同樂，卻在口角爭執之中，情緒激動地拿酒瓶打傷他媽媽。阿遠得知後立馬回到家中，氣憤得對朋友開槍。

當他終於重見光明，已是十七年後的事。

出獄時，他坐車到山上的廟宇懺悔，又茫茫渺渺地下山返回城市。他再也無法回到家鄉，因為整個村莊都記得當年那樁悲劇。

從這件案子聊到母親，他說母親後來被送進安養院，如今不知生死，因為他沒有手機與安養院聯繫。我問：「你會希望趁來得及時，去看你媽媽嗎？」

「想看也沒辦法啊，護士不會讓我去。因為以前我每次去，我媽都要我帶她去喝酒，我們就會找個地方一起喝。幾次之後，護士就不讓我看啦！」

在街頭遇到的更生人不在少數，阿遠算是比較快對我們敞開心胸分享的。

有些人在互動初期對於透露姓名格外防備，累積了較長時間的信任之後，才有機會聽見他們談及自己的事和犯案背景。這是因為他們普遍的情況是出獄後，往往在求職路上歷經多次受挫，只要說出姓名，對方一上網查詢，就可能因為得知前科罪名而心生排斥。

當工作機會受阻、無法有收入租到住處，無家可歸之下便只能來到街頭生活。

「關係連結」是社會復歸所必須

我曾問阿遠：「你覺得自己在生活中是靠什麼撐下來的呢？」

他說：「我有自己的理念啊。兒子便是我的理念，我全部的希望。」如今他唯一有互動與聯繫的兒子，是妻子在他入獄的那年懷上的。

我沒想過會得到這樣的答案。住在街頭的阿遠其實存著一筆錢，是年輕時混跡黑道所賺取的，希望留給兒子完成學業，只是他也不知道是否能活到看見兒子成家的那一天。如果這樣的心願能實現，他說，他覺得自己就可以像一棵樹的根往下生長，並且向上長出枝葉、結成果實——他還特別指定「要成為我喜歡吃的芭樂樹」。

阿遠偶爾會用公用電話打給兒子，聽他抱怨母親，兒子也會叨念阿遠少喝點酒。

「我要繼續當我的街友，才不會連累到我兒子。我那筆錢是要讓兒子念到博士的捏！」他滿懷希望地說。「我兒子說他很忙，沒有空來，一個月最多只能來看我一次。很可憐，還要天天上補習班。有次他還跟我說要跟我一起到街頭過日子，那怎麼可以！」

認識阿遠的這幾年，他幾乎沒什麼變化。不過身邊有位同伴某天酒後驟逝，另一位同樣愛喝酒的朋友中風後入住安養院，讓他稍微減少了自己喝酒的量。

如今他活著的盼望，並不在於自己能有穩定的工作或居所，而是單純地寄望於孩子身上。我無權評論這樣的選擇，但在他身上，我看見**很多時候更生人復歸社會易被忽略的珍貴面向，便是「重要關係的重新連結」，而不只是找到就業、居住等資源。**

透過這份重要關係的連結，人們總是還能找到在自己不喜歡的世界中，繼續活下去的力量吧。光是還能好好呼吸、好好睡一覺、好好講一通電話、好好等待某個人的消息，都是可以感謝的事。

如果一個人在世上還能感受著自己和某人的關聯或羈絆，或許就多了一點活著的動力吧。

6

再度爬起來，需要的是連結

管「人家」的事

【微光筆記】

人們經常更容易看見彼此的不同之處，卻沒發現我們其實低估了彼此的共通性。不論是善良的一面，抑或墮落、失去自制力的一面，都是我們身而為人的一部分。

「我早就跟你們說過了，不要去管街友的事。很多人都自甘墮落啦，幫他們有什麼路用？你看我後面那個，他多久沒洗澡了？還有前陣子跑路那個，他就是太常去賭博才到處跟別人借錢，借到要躲起來。所以說都是自找的啦，喝酒的、賭博的、偷東西的，都沒用啦。」

眼前正氣勢磅礴說著話的是睽違幾個月，再次回到街頭露宿的大哥央仔。昏黃的燈光照著一起窩在紙板上、共用一顆枕頭的他和伴侶阿珮。

長髮過肩的央仔身形高大，與嬌小的阿珮相處和諧，他喜歡掌控，而她樂意配合，久而久之便走在一起，一直維持著彼此的關係平衡。央仔出外工作或找資源時，阿珮就負責在街頭或住處看管物品。

「我們跟其他人不一樣。」

之前離開是因為搬進租屋處，為何又重回街頭？

問起這件事，兩人便一肚子氣，音量拔高地比手畫腳，有些混亂的敘述中，重複最多次的語句是：「就是那些神經病啦！」上次果斷地搬離街頭，是因為遇到對阿珮頻頻騷擾的「麻煩人物」。這次明明租約還有兩個月才到期，兩人卻對房東撂下狠話後提前搬離，同樣是因為在租屋處遇到他們認為無法講道理的「瘋子」。

每當居住地出現狀況，影響央仔的休息品質，連帶地工作也無法持續。「無法安居，怎麼樂業咧？」央仔一臉無奈，接著又自信滿滿地說：「但你們不用擔心我們。我們跟其他人不一樣，很快又會搬走了！」

路旁停著一輛帥氣的摩托車，是央仔用之前擔任管理員攢下的錢買的。不像騎樓下的其他車子那樣塞滿生活用品，提到這點，央仔自豪地說因為他們都很正經生活，跟其他住戶打好了關係，搬出來的家當找地方借放也是幾句話就能解決的事。

「我們跟其他人不一樣。」他再次強調。

他擁有自認不錯的工作能力，對我們的關懷維持著基本禮貌，給予感謝。但也直白地表達他並不需要我們做這些，並認為我們在做的事情是自討苦吃，徒勞無功。

見他和阿珮稍稍帶著酒氣和微紅的神色，我想起他方才不是還在點名認為「喝酒的」都沒用，不禁狐疑地詢問：「欸，大哥，啊你們今天沒有喝酒嗎？」

央仔很快地回應：「我們有啊，但喝一點而已，不會喝到亂七八糟，跟他們那種不一樣！我跟你說啦，我們什麼都不缺、都不需要，再兩個月，你們就看不到我們了，我現在也還在看租屋網啊。」

阿珮也在旁邊唱雙簧般地搖搖手，說：「對，我們什麼都不需要！」

這股「我什麼都不需要，我很好」的底氣從何而來？

央仔坦蕩地報出自己國立大學理工科系的學位。平常大多一副老大姿態的他，一直以來都極少將脆弱展現在人前，對於曾經失落的過往也簡單帶過：原本正走在大好的職涯發展路途上，卻迷失於金錢遊戲，和他如今口中藐視的那些人的「陋習」一樣，在小鋼珠（柏青哥）和酒店之中尋找快樂，最終失去曾經擁有的事物。

告別央仔和阿珮，不過是經過一個街角，就有另外一頭的大哥跟我們吐槽：「央仔現在還是喜歡去打機台啦，有好幾次被我遇到。」

想起剛剛蹲在央仔面前，聽他豪氣滿滿地說著看不慣其他人賭博、喝酒的話，忍不住感到有點好笑。我想，這大概又是羅生門。

不要管街友的事？

從我大學時期踏上街頭和無家者交談的這五年來，不知幾次遇過警察、民眾對我們叨念：「不需要來關心街友」、「不用來浪費時間」，諸如此類。但每當聽到同樣在街頭露宿的朋友也對我們有這樣的指教，認為我們不需要浪費時間去關懷那些他們認為「沒用」、「很複雜」的對象，都讓我再次感受到人性之中，那種看自己比別人好、己所不欲卻施於人的盲點。**人們經常更容易看見彼此的不同之處，卻沒發現我們其實低估了彼此的共通性。不論是善良的一面，抑或墮落、失去自制力的一面，都是我們身而為人的一部分。**

而在特別陽剛的流浪生活環境之中，因為看不慣誰喜歡滿口吹牛而發生衝突的例子不可勝數。尤其在酒精的加成之下，我們曾見過有人坐在街頭的地板上，把那些已經不知是何時發生的成功與風光描述得天花亂墜，螞蟻、蟑螂在旁邊經過。或許對他們來說，這是一種身心因應策略吧，唯有如此，才能更好地生活。

這種景象對照的是一些同樣曾經坐擁風光的人，如今卻只能低著頭、抱著膝蓋，羞愧而懊悔地望著自己的腳尖，看不見明天有任何一絲希望。

「撿海星」的時刻

拜訪央仔的同樣一個晚上，我們遇見了截然不同的生命樣貌，在涼亭認識了阿朗哥。同樣曾經風光過的他剛露宿三個月，說起過往總歸一句「少年得志是不幸」。

涼亭座落在公園裡，夜晚迎來陣陣涼風，四周燈光溫暖朦朧，阿朗哥帶著一抹靦腆的笑容，開始敘述自己的故事。

年幼便失去父母的他，在善心人士協助下，順利完成了國中學業。長大的路上，卻忘記小時候是多麼辛苦才擁有後來的收穫，最後把人生搞到殘破不堪，對兒女充滿虧欠。如今六十幾歲，隨年歲增長而漸退化的膝蓋，讓他能負荷的工作選擇越來越有限。

自從無家可歸之後，他便養成了必須喝點酒才能睡得著的習慣。他說：「可能是太多煩惱了，我必須讓自己麻痺一點。」

我們邀約阿朗哥一起禱告。起初他顯得有些尷尬，最終還是閉上眼睛、雙手合十。禱告結束後，沉默不語的阿朗哥臉上仍是那抹靦腆笑容，兩頰卻滿是淚水。

他是否想起了什麼、感受到了什麼，而讓他有突如其來的情緒反應？我心裡有許多疑問，但也明白此刻只能靜默，留一些空間讓他自己消化。

你或許聽過這樣的故事：海灘上，無數海星被沖上岸，有個小孩一顆顆撿起海星，送回大海，以免牠們死亡。旁邊的老人對小孩的舉動很不以為然，說：「整個海灘都是海星，你這樣撿也改變不了什麼，何必管別人的事呢？」但小孩回他說：「可是當我撿起這顆海星，它的命運就已經改變了。」

對我而言，這便是「撿起一顆海星」的時刻。其實也不是真的幫上什麼忙，只是在實踐著關懷和陪伴之中，感受到對方的回應，**他知道自己的苦難被看見了**，療癒正在發生，便會讓我覺得這是正確也值得投入的事。

對於我們這樣的關懷行動，不只是無家者當中有人給予意見，有時也遇到警察和民眾的不理解：「你們那麼有愛心，要不要把他們帶回家養？你們那麼孝順，要不要先想想你有沒有這麼關心自己家的爺爺、奶奶和父母親？」

也許有人覺得，擱淺在海灘上的海星永遠撿不完，或者就連身處其中的海星，都接受了自己被遺棄在岸邊，慢慢脫水、窒息而死的命運。但，我還是想繼續「管人家的事」。

當「憐憫」的開關被觸動

二〇二四年第一次舉辦「貧窮人的台中」展覽時（註），在一場無家者主題的講座中，有位大學生和擔任講者之一的無家者老李發生了有意思的互動。

學生表達他覺得無家者很勇敢，儘管沒那麼幸運，發生了一些悲傷的事情，仍然在人生中堅持下去。他不知道可以怎麼讓身邊的人願意來幫助無家者。

老李接過麥克風，直覺的回應卻是：「你不需要可憐我們，我們並不可憐。發生在我身上的事情，說不定哪天就輪到你。」

在場的許多觀眾都笑了出來，並不是因為這是句玩笑話，而是在笑老李怎麼會這麼直白而輕巧地在台上這樣應答。但，那位同學頓時感到有些受冒犯和委屈。

後來有一段對話的機會，我們一起思考的是：如果我現在就只有憐憫、可憐他們的心情呢？如果我就是想不到其他可以用的詞，去說服自己和身邊的人要關心這些人呢？

是啊，可憐、同情這類詞彙，在近年的一些同理心論述上，逐漸變成助人工作或議題探討時，非常「政治不正確」的描述。更理想的境界是期待我們做到「同理」、「共感」，打破上對下的姿態。

但我覺察到，**那些激勵人的第一線陪伴時刻，其實可能正是來自於心中某個「憐憫」的開關被觸動——感覺到這份真誠的關懷是對方也需要或想要的，因而明白我們在做對的事。**

註：自二〇一七年起，台北萬華的眾ＮＧＯ組織組成「向貧窮者學習行動聯盟」，每年定期舉辦大型的貧窮倡議行動「貧窮人的台北」，在二〇二四年拓展到台中，舉辦「貧窮人的台中」展覽。

「憐憫」這個動機，本就可以成為珍貴而實用的行動火藥。

牽起手，一起再多走一段路

那麼，老李說的後半段話，難道是一種威脅、一種防衛姿態的攻擊句嗎？

並不是的。事實上，無論是央仔、阿朗或老李，**沒有一個人能提前預見流浪生活何時降臨。**如同社會學家所提出的「風險社會」理論：人生中有太多無法掌控的不確定性，當代社會結構漸趨複雜，我們承擔的風險亦越發多元而脆弱。

講座結束後，那位學生透過實際探訪及聆聽無家者的故事，漸漸解開了心中的困惑。原來「你我都可能落入貧窮或不幸」這句話，從不是刻意針對某一個人，而是提醒我們，每個人都可能面臨突如其來的困境。

真正的理解，來自於我們能**平視對方，真誠表達專注於他人的意願與試圖瞭解的好奇**。唯有如此，我們才能牽起更多的人同行，共同走過更長遠的路。

我陪伴的人，憑空消失了

【微光筆記】

單純、善良是他的一部分，起貪念或動歪腦筋也是他的一部分。我接納自己感到遺憾、感到失落，但毋須自責。我明白自己在這段關係之中，已付出了我的真誠和關懷。

孝仔突然無聲無息地消失了。

見面的最後一天，他以一個讓人難以拒絕的理由說：「我要回老家探望生病的老母親。」

領走了原先存放在我們這裡的所有儲蓄，從此再也沒有消息。事後我們才知道，他和某位常在街頭賣人頭帳戶的男人有頻繁來往。

我一直覺得，能夠對助人工作持續保持熱忱，大概需要在歷經各種事件後，對人性抱以滾動式調整、火候恰好的信任。

不能過度樂觀，因為劣根性本是人性的一部分。個案經常面對格外險惡的環境，且當中有許多我們無法看清的面向。

但也**不能過度悲觀**，否則我們又怎能面對著已經失去志氣的當事人，陪對方走一段路拾回一些尊嚴，甚至在生命的低谷中重生，迎接改變的曙光呢？

而在助人工作的不容易中，尤其讓我內心難以放下的，是曾經歷明顯的正向改變、並主動回以感謝的個案，在我們以為他正漸入佳境、擁抱未來時突然消失，卻在不知名的外部因素下，無聲無息地不告而別，毫無預兆。

無法知道他們的現況，比確實知道他們重返江湖或鋃鐺入獄更讓人掛念。

這一次，消失的對象是孝仔。

「你是我的福星啦！」

初見孝仔的印象，看似爽朗、親切，實則敏感、警戒。那時我們坐在戶外廣場的木棧板上，身旁是孝仔的腳踏車，我們和比較熟識的大哥合影時，一旁的他馬上變臉叮嚀：「我有肖像權喔！」

和他建立信任需要花較長的時間，但我們都感覺彼此很有緣分。孝仔說，第一次遇到我之後的幾天，他天天都能順利上工，「你是我的福星啦！」他誇我讓他不用擔憂失業而沒錢生活，我也喜歡聽他滔滔不絕地聊著人生歷程。

雖然他書讀得不多，但能把自己的生活經驗和周邊觀察表達得非常有條理。當時剛服完竊盜案刑期出獄的他自認：「人生活不穩定，身上沒錢，才會進進出出監獄。我的人生有一半都是國家養的，因為我工作不穩定，但醒著就需要錢啊！」

小學沒畢業的他早早從家庭、校園出走，在感化院的經歷讓他習得沒有未來感的用錢方式。雖然曾經認認真真地跑船多年，全身上下經歷多次工傷和手術，始終保持著可比擬蟑螂般不屈不撓的生命力，但辛苦流汗一整天的所得卻始終不夠花。

年輕時，有一次他快出獄前，父親車禍身亡，他連最後一面都沒有機會見到。這是他人生最大的遺憾，自此卻更如脫韁野馬。對他而言，街頭比監獄好的大概只有自由。

「別人跟我借錢，代表我有能力改善自己。」

有段時間，孝仔在據點觀察到某位大哥即使腳因小兒痲痺不良於行，卻仍順利找到工作、開始賺取穩定的收入，他便也希望自己的生活有所轉變。我們幫他找了一份每天十二個小時的工地保全工作。他對新工作相當滿意，還興致勃勃地學習操作智慧型手機，聽音樂消磨漫長的值班時間。

儘管仍舊居無定所，但有了穩定的收入，街頭生活相對好過，也不用鎮日在百無聊賴中胡思亂想。

「我要是早點來這裡就好了，說不定更早就在過正常的生活，可以有工作、有錢，不用到處去跟人家借錢。現在輪到別人跟我借錢，代表我有能力改善自己。想要吃什麼東西，也是花自己賺的錢買來的特別好吃。」他高興地說：「至少我生活有改變了。之前沒來教會以前，我一整天都沒有精神寄託，現在我想要工作。你們都無私地奉獻、無私地幫助我，卻不要求我做什麼，還給我工作機會。我想如果沒有超過我的能力範圍，我也能去幫忙別人。」

漸入佳境的變化

孝仔會在休假日來據點和我們聊天。有回他提到自己不想再回到以前的生活，畢竟年紀也已經超過五十了。

「我真的有想改變自己。幸好我來到這裡，才能明白這一切，還得到工作機會。」

聽到他的這些分享，令人感動的不只是他真心喜歡自己新生活的樣子，也覺得很榮幸這個據點在台中成為許多露宿者的資訊集散地，讓他們接觸到不一樣的人際網絡和生活資訊。我認為，相比於金錢的匱乏，這些連結對一個人的影響更為深遠。

「來這裡以後，我學到不要一直埋怨別人，要檢討自己。我也慢慢在學怎麼抒發自己的情緒、怎麼去控制，還有怎麼樣慢慢改。現在還沒找到好方法，但我會繼續學。以前我還跟你們鬧脾氣，現在我知道不能因為自己的工作怎麼樣就去影響到別人。過去我不明白，但現在我比較知道自己的問題出在哪裡了。」

其實我們倆的相處過程曾經歷過一段不順利的波折。當時他在做前一份清潔工作，因為工作壓力及不能在周邊抽菸的相關規範，他情緒激動地直接關了手機，還跟我撂下狠話表示再也不會出現。也曾經因為悠遊卡的消費紀錄顯示好幾筆都是買酒，我因此拒絕幫他加值，而呈現刺蝟狀態，對我大擺臉色轉身就走。因此對於孝仔所經歷的改變，我特別有感觸。

他就像一塊正在汲取養分長大的海綿，只需要一些空間和時間，讓他自己去消化所習得的一切。

所有經驗，都是真實存在過的

陪伴孝仔自我覺察和自省的這段旅程，對我來說珍貴又富有意義。我曾在獄中訪談過多位有類似生命經驗的長期監禁受刑人，他們分享過，「人生中最缺乏的，是能夠給予正向引導的朋友」。感謝孝仔的信任和認可，讓我們團隊能在某一階段成為這樣的角色。

然而，當他領走所有存款、並從此消失後，這份心情又該如何安放呢？

其實有時我會感到羞愧，羞愧於我已經分享出去的「勵志故事」，此時此刻是否變成了謊言。我是否可以告訴大家「孝仔的那段經歷就當我沒說過，清空、刪除」嗎？又或者，我應該如何合理化這段變化，並以健康的心態接納個案「打掉重練」的現實呢？

我不打算撇棄**先前的那些經驗**，因為它們**仍是真實存在的一段過去，並不會因為後來發生了某些轉折，而讓作為助人工作者的我彷彿被自己打臉，只能默不作聲。**

孝仔後來去了哪裡、發生了什麼事，這些我無法掌握。但我能夠選擇相信，他曾因擁抱新的人際關係和生活變動表現出的感謝與喜悅，是真實的。在我們彼此信任的互動中，留下來的美好感受也是真實發生過的，只是他可能再度碰上某個人生的挑戰。人生嘛，有重新站起來之時，便也有再度跌倒之時。

單純、善良是他的一部分，起貪念或動歪腦筋也是他的一部分。我接納自己感到遺憾、感到失落，但毋須自責。我明白自己在這段關係之中，已付出了我的真誠和關懷。

有一天，如果還有機會見到孝仔，或許我會像與老朋友重逢一樣，輕巧地問候一句：

「嗨，這段時間你過得還好嗎？」

再度爬起來，需要的是連結

【微光筆記】

陪伴的過程就像是拼拼圖一樣，幫助我慢慢拼湊出他生命的輪廓。這些碎片中，有風光、美好的過往，也有夢碎、受傷的低谷，讓我對他多了一份理解。

汪哥在街頭生活的時間不長，一開始便在幾個社福單位的資源連結之下，找到了保全工作，並很快地搬離街頭，獨自租屋生活。之後，我們便失去他的消息。

兩年後的某個週日早晨，我們在他曾經露宿的老地方，再次見到他的身影。

失去工作，也迷失方向

汪哥說他前陣子做了髖關節手術，敵不過歲月和酒精對身體的影響，術後的身體恢復狀況並不好。

他感嘆：「起床之後就全身這裡痠、那裡痛的。身體敗壞成這樣，加上失業，活著還有什麼意思？人活著總是要工作吧，沒工作就感覺怪怪的。」

保全工作近一年前就沒做了，靠著每個月的老人年金，他在舊房的租約到期後，搬進更便宜的新住處。然而，那個新住處儘管租金便宜，卻是龍蛇雜處又悶熱不通風，於是他帶著所剩不多的積蓄，再度回到街頭露宿。

對於失業近一年的時光，一向自尊心很高、很怕麻煩他人的汪哥心中充滿無奈。沒有了工作的支持、沒有生活的依歸，他的日常漸漸被頹廢懶散所纏裹，變得空洞無望。

一切，只剩下等待……

某天，我無意間聞到他身上淡淡的酒氣，試探地問起。

他猶豫後，分享道：「有一件事我很少跟人家提起，我算是人家講的孤兒吧，父母親都和我沒有血緣關係，所以我從小比較自卑，跟人家互動時因為怕被看透透，就會有所保留。」於是這段日子以來，無親無故、也沒朋友的他舉杯澆愁卻愁更愁，所有的煩悶、無望都只能寄情於酒精的麻痺。

我腦海中浮現許多相似景況的人們，問他：「活得這麼累，會不會有時覺得撐不下去呀？」「對啊，其實很想了結自己，想死又沒勇氣啊。我以前是在德國工作的。明明過去還有點本領，怎麼現在完全施展不出來？」他講這句話時，帶著羞愧的神情。

還住在房子裡時，被陰霾籠罩的他只能讓自己昏昏欲睡，無聊時喝個幾口，張開眼睛就等待黑夜來臨。這種沒力氣移動、沒心情進食的生活狀態，鬧得全身上下不只是退化和變天導致的全身痠痛、心臟不適，還時不時胃痛。隨著搬到街頭睡，這些狀況也仍然持續著，差別只在睡覺的空間從封閉變為開放。

失意男子的沮喪沒表現在臉上輕易讓人發現，所有活下去的期盼和士氣卻是一天天被啃噬。毫無家人可支持，他對明日充滿迷惘，生活彷彿失了根，除了等待死亡，提不起勁去做復健或聊天。雖然明知道喝酒傷身，卻也找不到不傷身的理由。

倘若找不到活著的意義，無論有沒有繳房租或住進房子裡過夜，又有什麼區別？

免費讓你住宿，你怎麼還不願意？

儘管回到熟悉的街頭有個暫時的棲身之所，但睡在硬邦邦的地板上，也導致他腰痛、精神不濟的症狀逐日堆積。他一方面矛盾地說著「想找工作」、「想存錢」，事實上也明白自己的身心狀態，並不允許這些計畫實現。

看著汪哥這樣的生活狀況，我詢問他有沒有意願申請入住附近的收容宿舍，讓自己更好地調養身體，爾後再去求職，預備租屋。他很快地應下，並和我一起到協會去填寫資料。

雖然一切看似很順利，但我卻總感覺到他在問答中語帶保留的猶豫。果不其然，隔天便接到汪哥打來拒絕的電話。

原來，經過一晚的沉思，他想起宿舍裡好幾個空空如也的床位，顯示出近期可能只有他是唯一一位新的住民，還有管理者繁複的規定和提醒：出門要報備；沒求職時，要去當志工等等。再加上不管去哪裡都很難避免的「老鳥指揮新人」的潛規則……讓他還是打退堂鼓，寧願在越發寒冷的冬夜繼續睡在風也不小的地下道，也不想去一個未知的環境，承受複雜的人際互動。

我的煩躁從何而來？

收到這通電話，我雖早有預感而不意外，卻還是覺察到心裡有一股煩躁：「都已經免費讓你住宿了，你怎麼還不願意？」

這份煩躁從何而來？

一方面，我有著「他怎麼選擇會比較好」的預設；但在天平的另一端，同時有種名為「尊重當事人」的價值觀在拉扯。

其實我曾觀察到汪哥在群體中顯得比較孤僻，只要人多的地方，他就不太願意參與，加上他年輕時曾待過社區型收容機構，可以想見已經沒有餘裕去忍受宿舍裡其他無家者的性格或症狀。從他一直以來的猶疑，我感覺到他似乎有所顧慮，但透過有限的對話及問答又難以確知。

事實上，如果簡單將「是否要入住收容所」的決定視為一項恩惠，這種思維是一種高高在上的視角，無法同理當事人所面對的困難。**作為助人工作者，有太多因素會影響我們打著服務的名號，實際服務的卻是自身的績效、方便或價值觀，而不是服務對象的真正需求。**我們是否會期待服務對象應該要多些感恩、少點意見？而當現實與「理想形象」落差變大時，我們是否就會不再有耐心？

即便是費了好大力氣才走到的位置，或是我們眼中認為再怎麼好的決定，我們能不能始終貫徹自己的原則，尊重當事人的意願和感受，在陪伴中給予「參考意見」，而不是控制或評斷他的決定？

陪伴的過程是很需要耐心等待的，包含需要花時間去真心理解對方，等待他願意說出口，或者看見他還沒說出口的心情，也需要花時間去接納所有的嘗試，即使明知這些嘗試不可能一次到位，但只要對方願意往前一步，我們就陪他走這一小段路途。

這對我來說，像是一種人生修養——**一次次把自己放到和服務對象相同的位置、望向相同的方向，試圖看見他眼中的景色**，不是站在後面追趕或前頭阻擋，也不是在上方操控或下方捧著。而是平等地將他看為完整的成人，就算是選擇露宿街頭，也相信他的生存能力。

盡可能地送出邀請

繼那段插曲不到兩週後，有個友好的民間單位提供了簡易的臨時工作機會，我主動邀約汪哥前去。汪哥去了以後，他的禮貌和認真留給單位負責人非常好的印象，進而願意讓他在他們的聚落待下來。那時他還認真地傳訊息給我：「已經好久好久沒有人對我如此關懷，真是不知如何言謝。」

然而接著是兩個禮拜杳無音信。

無法和汪哥聯繫上的那段時間，我大抵能想像他的情形，畢竟找到能安身的居所，事實上不代表生活的難題就此解決。

某天，我在街角和汪哥巧遇，看著他蒼白而雜亂的灰髮，身上隱約傳來的酒氣，以及每句話之間停隔許久的空白，聊了一分鐘，還卡在剛剛問候的第一句話……汪哥儘管仍舊穿著體面、打理得整齊，身心的狀態卻讓我非常擔憂。然而，對他的提問該如何拿捏進退？怎樣的關心才不會冒犯到他的自尊心？

我告訴自己，所能做的是盡可能地送出邀請，試圖讓他有個理由走出自己心裡的那扇門，離開那個既是休息的安身之處，也是束縛的黑色牢籠。

想要做些什麼，又被困在原地

當我們之間的信任關係逐漸建立起來後，汪哥偶爾會主動傳訊息分享自己的狀態，卻是充滿無望感：「沒有激勵、沒有正職，每天過得非常無趣。我該如何生活？該如何面對人生？自己現在的『懶散』或『脆弱』，我不是不知道啊，但知道又能怎麼辦？總覺得到了生命的盡頭，活也活夠了。人生的動力在哪呢？」

能夠再度住進屋簷下，確實讓他得以喘口氣，原先想要輕生的念頭終於消停。但難以改變的是不知何故，每每想做些什麼的時候，又被困在原地。一個念頭才剛冒出來，就變成滿腦海的空白呆滯。人生從過往至此刻的煩惱和挫敗，像一捆打了死結的毛線一樣無從而解。

儘管一再感受到汪哥的沒有動力、提不起勁，但**陪伴的過程就像是拼拼圖一樣，幫助我慢慢拼湊出他生命的輪廓**。這些碎片中，有風光、美好的過往，也有夢碎、受傷的低谷——而當時那些身心難以承受的苦楚，悄悄地以幻聽、幻覺等症狀出現在他的生活中。

有天，他談起困擾自己多年的幻聽：「我是因為婚姻失敗才從德國回來的。可能因為家庭破碎了，讓我整個人盪到谷底，從那時候起，我就會聽到一個女生的聲音，她說了什麼，我也聽不清楚，反正不是什麼好話。從那時開始也睡不好啊，感覺自己像是中邪一樣。」

這段過往，讓我對於汪哥寄情於酒精的原因，和他對人生的失望，多了一份理解。

對人生心灰意冷，有解方嗎？

時間持續推進，汪哥生活的狀態依然沒有好轉，身體衰老，心裡疲憊，似乎都是無解。他繼續在打工換宿的地方，參與自己負責的工作，只是參與度顯然非常有限。其他同事逐漸理解了他的狀況，也不再多言，盡量保持最低限度的工作。

其實依據《身心障礙者權益保障法》，達到一定規模的公司行號都應該定期聘用一定比例身心障礙者，但根據現實情況，肢體障礙者的錄用比例通常較高，而精神障礙者則較容易遭到拒絕，因為應對不可控的情緒狀況及其對工作的影響，常常是主管難以承受的負擔。

和這個單位一起從不同層面回應汪哥的需求過程中，我特別感謝有這樣願意提供住所和工作的社區單位。畢竟不同角色所要承擔的責任是截然不同的，作為雇主或同事，都有其現實的進度面和工作量要考量，不可能像助人工作者一樣，對於像汪哥這樣的員工可以純粹地拉開空間，去傾聽、理解與對話。

對於那些對人生感到心灰意冷的無家者，他們特別需要一個願意給予包容與機會的地方，讓他們能夠繼續保有尊嚴地穩定生活。

7 何處才是家？

脫街的路上，住宿資源的各種可能

【微光筆記】

有個能安穩入眠的住所，誰會不樂意？只是漸漸地，他們被「習得無助感」所困，自我安慰對自己難以擁有的事物不要太過在意，隨遇而安成為生存下去的本能。

幾年前，在地下道見到阿順時，他剛來到街頭半年。

每次想起他，便覺得真是個有趣的靈魂。接起電話時，無論是誰打來，他總是標準地應聲「喂，你好」；習慣拎著大包小包的塑膠袋裝東西；偶爾發來工作環境中的鳥兒、貓咪照片，有時是露宿的街友身影，問我們：「要不要去救他？」

我很喜歡和阿順相處，一直到他後來租屋自立、換了幾間保全公司工作，我們依然保持聯絡。還記得當時協助他一起整理行李、搬離地下道，前往宿舍迎接新生活時，他的行李裡竟然有一個大聲公，還有從舊衣回收廠撿來的寬緊不一的衣裳。

一位老師，為何流落街頭？

阿順的年紀和我相差不多，三十出頭的他卻總是覺得自己很老。剛認識時，他才剛結束在學校一年一聘的教師工作。看到這裡，你或許要問：一個老師，為何流落街頭？

因父母早逝，他和已結婚成家的手足毫無往來，家族之間又早在分完祖產後各奔東西，阿順長年以來都是一個人。一場車禍之後，為了讓膝蓋開刀植入釘子，手術用盡了他所有的積蓄；開完刀，他也失去了教師職，而下一份工作還沒有著落。

籌不出錢付房租，等到租屋押金被扣光後，就像電影會出現的橋段一樣——某天他回家時，只見所有的行李被打包成兩個黑色垃圾袋，他就這樣被掃地出門。

沒地方住、沒有收入，他只好睡在公園，接著遷移到廟宇，後來找便利商店過夜。過了一陣子，受另一位無家者引路，他來到善心資源比較多的地下道。

面對這些辛苦，阿順並沒有因為人生中的巨變和打擊而感到消沉。有段時間我們聊到某天有穩定收入時，是否想再租屋，他的回答是：「睡地下道這邊比較好，因為不用繳房租，而且自由！」

像阿順這樣，曾經面臨繳不出房租而被驅逐的壓力，露宿街頭後卻更傾向於維持現狀的人，我們遇過好幾位。儘管仍舊睡在街頭，但是不代表他們沒有試圖尋找工作賺錢，只是礙於工作變動或身體虛弱，而必須節省開銷。實在是入冬太過寒冷時，有些人才會選擇到網咖或旅社過一夜，洗個熱水澡。

其實**有個能安穩入眠的住所，誰會不樂意？只是漸漸地，他們被「習得無助感」所困，自我安慰對自己難以擁有的事物不要太過在意，隨遇而安成為生存下去的本能。**

搬離了街頭，何處能安居？

如果離開街頭是「說走就走」這麼簡單的事情，阿順也不會主張地下道能夠安居。他曾被其他街友吐槽：「你這個老師不習慣這裡，就趕快搬走啊！」

來到街頭沒多久，他除了照常領物資，還開始應徵補習班的作業批改工作。得知此事之後，我們試著詢問他：「你有沒有意願住中繼住宅呢？」

在台中被稱呼為**「中繼住宅」**的地方，有些地方稱呼為**「中途之家」**、**「遊民收容中心」**，**一般來說，居住期限為六到十二個月，必要時可以延長。**在台中是由社會局找到場地進行修繕後，委託民間單位來經營。

對於許多工作而言，有穩定的居所，能每天盥洗、保持清潔畢竟是必要的前提，因此阿順選擇跨出了步伐，給新的生活階段一個機會。

搬運行囊的中途，我們坐在地下道上方大樓的草坪休息。望著周邊川流不停的車陣，阿順對於即將迎接的未來感到忐忑，因車禍所傷的膝蓋、變得比較慢的反應力，也讓他對於未來能否勝任工作毫無自信。

「也許我哪天又得再回到地下道呢？反正現在就走一天是一天吧。」他說。

中繼住宅奇遇記

儘管中繼住宅提供給無家者一個重新安頓自己以預備回歸社區的地方，但真的能給予比街頭更安全和舒適的空間嗎？

從阿順和一些個案的經驗，其實我認為答案未必肯定。當然，每個人都有自己的盲點和個性，但透過他們的視角去瞭解住在裡頭的經驗，讓我不禁反思倘若是自己要做出決定，又會如何抉擇。

阿順住過一棟他稱作「暴力管理」的A宿舍。他曾親眼目睹有位住民被發現違反規定，在宿舍裡飲酒，晚上當社工下班離開後，這個人便遭到握有管理權力的其他住民以拳頭管教。此外，當阿順自己在宿舍擔任志工時，其他資深住民的指點和評論也曾讓他深受其擾。

他也曾住過一棟B宿舍，管理風格較為柔性，社工讓大家透過簽訂公約、承諾能夠配合團體規範後才入住。

但自古以來不管去哪裡，何處不是「上有政策，下有對策」？一樣有住民把酒裝入寶特瓶攜入宿舍，還喝到醉酒嘔吐。阿順向社工反映這件事，卻被其他住民標籤為「抓耙仔」，從此被排擠或甚至對他栽贓，活在人際壓力中。

如何管理宿舍裡的飲酒者？這一直都是難題。如果嚴格地執行規範，將每一位違反規定的個案都逐出，原本就沒有百分之百住滿人的中繼住宅，住民大概剩不到一半。假如保留一些緩衝，關鍵還是在於什麼時候社工要睜一隻眼、閉一隻眼，又是否要採納其他住民舉報的意見。

此外，衛生整潔的維持亦相當困難。有好幾個夜晚，阿順躺在木床上，便聽見有老鼠在牆壁邊緣吱吱叫或快速跑動的聲響。

存到錢，仍租不到房子

後來，阿順搬離了中繼住宅。雖然有些人在搬出後，可能因為沒有錢而又回到街頭，但幸好他從決心要盡快搬離、自己租屋之後，就一直保持平穩的工作狀態，好好地存錢。阿順沒有賭博等攔阻自己順利存錢的嗜好，每個月最大的開銷除了餐費，就是定期「整修保養」身體，看中醫、皮膚科的醫藥費。

阿順是個典型例子，有些無家者其實是更適合一個人獨居的。像後來做夜班保全的他，因為中繼住宅的窗戶沒窗簾，白天總有刺眼陽光照入而讓他難以入眠。獨居反而能幫助他更快維持穩定的生活和良好的身心狀態。

但不論是三個月的緊急安置，或六到十二個月的中繼宿舍，為了要保留位置給需要的人，增加使用的流動性，這些免費宿舍終究是臨時性質，並且必須採取團體生活的形式以降低成本，促進「社會復歸」。

而實際執行的現況是：儘管各縣市都有共識要提升中途收容的居住上限，但目前仍未定案。

而有部分個案在存到錢之後，明明找到了能負擔的房子，卻因遭房東拒絕而遲遲無法租到。人際衝突往往也是導致住民難以安頓的一大因素。

陪伴無家者回歸社區、獨立生活的準備

陪伴無家者預備回歸社區自立生活的過程，準備工作比想像中需要更多時間。

為此，台北的芒草心慈善協會推動「友善宿舍」，希望「降低居住障礙，合理可負擔租金，創造更好的居住經驗」。在友善宿舍，個案可以享有獨自一人的居住空間，但是採取「使用

者付費」的機制，房間由協會管理和收房租，水電費和租金由個案自行負擔。

香港的社區組織協會則推動「友家宿舍」，住民須繳納部分租金，可以享有自己獨立的睡覺隔間，居住期限為兩年。

此外，我曾經參訪香港的基督教關懷無家者協會推動的「禧房」，亦讓我印象深刻，其理念是藉由帶入信仰元素，幫助住民與人、與神、與社區重建關係。協會承租房間後，讓個案支付自身收入的百分之二十作為租金，和其他住民共住於同一樓層的雅房，並有地區教會定期探訪關懷。住民練習與他人一起生活的同時，也保有自己獨處的隱私空間。

至於在台中的我們團隊對於住宿難題的解方，除了要找到信任我們的友善房東，願意把房間出租給經濟弱勢的長輩或精神病人，也期盼未來能有更多形成友善社區的機會，為居住資源開創更多元的可能性。

受囤積症所困的無家者，何處才是家？

【微光筆記】

原來，有些時候什麼都不做地躺著，是一個被逼到極限的人，面對殘酷現實最深的抗拒。和外人看來「懶惰」、「邋遢」的街友面對面時，我才發現他們有很多思維原來這麼令人感慨。

我和幾位志工來到阿誠哥暫居了三個月的住處，說好聽點是協助搬家，實則已到了不得不強制搬遷的地步。

一個友好的社區單位免費提供的房間裡，幾座積成小山的衣服堆和雜物堆從床頭蔓延到門口，甚至另一側的空房間也遭殃。根本無法關上的門、難以跨越的重重障礙——眼前滿目瘡痍的場景，映照出阿誠哥混亂失序的精神世界。

大火倖存者，在精神世界迷失了

阿誠哥歷經了一九九五年，震驚台灣社會、釀成六十四位罹難者的「衛爾康火災」。作為少數倖存者，當時二十七歲的他正式被醫師診斷出精神疾病，多次因恐慌症住院治療。此後的人生中，幻聽與幻想成為他的生活裡越來越熟悉的存在。近三十年過去，摯愛的親人一一離世，他還在獨自面對著起起伏伏的身心狀態。

一年多前，我們與阿誠哥相識。他曾和我們一同郊遊，躁症狀態讓他當天在群體中如自帶明星光環般，歌唱、搞笑等各種表演樣樣來，逗得大家都感受到異常興奮的氛圍。然而，不知從何時開始，阿誠哥又掉入自己的憂鬱漩渦，對我們不理不睬，甚至冷臉驅逐。每當團隊到火車站探訪時，總看到他整日躺在紙板上，除了偶爾上廁所，幾乎不離開。街頭有許多人私下稱呼阿誠哥為「蝙蝠」，因為連其他街友都無法相信一個人如何能這樣不吃不喝、長時間躺著。

這樣的情況持續了大約兩個月之後，直到某個一如往常探訪的夜晚終於有機會開了話頭，我才知道他在那段時間的舉動是刻意地「慢性自殺」——對現實的無聲抗議。

「我爬不起來，沒力氣了。」

某個夜晚照常去探訪時，我們注意到他手上的皮膚爬滿綠色的痕跡，深怕是發霉，靠前向他詢問關心時，他難得張開了尊貴的眼皮，沒什麼氣力地回答：「是棉被啦。有個外勞送我這件棉被，都會褪色。」仔細一看，果然他身下的白色棉被上也有著深淺不一的綠色。

「現在的我已經失志了。你能懂嗎？我本來希望在元宵節前有錢就能離開，誰知道東西都被環保局收走，包括我的刮鬍刀。這裡不是家。誰想要自己變成這樣？人家說在哪裡跌倒，就在哪裡爬起來，我爬不起來了啦，沒力氣了。」

長達二十多年固定服用精神科藥物的阿誠哥，當時卻已經自行停藥兩個月，包括醫師開的強效睡眠藥物 FM2 也暫停服用，有睡眠障礙的他已超過兩個月都每天睡不到三小時。加上沒注意控制高血壓，稍稍活動便會頭暈目眩。

蓬頭垢面、鬍子爬滿下巴的阿誠哥像是要把兩個月來沒講話的分量一次補齊，說出的話讓人感受到**作為一個失去希望、又有身心症狀的無家者，面對的是多麼不容易的掙扎。**

「現在跟你們講話比較像是在跟人講話。我還記得你們教會的幫忙，但你們之前幫我兩次已經很累了吧，還會願意幫忙第三次嗎？每次爬起來都好累，很消耗元氣。」

我告訴他：「我們沒有要勉強或鼓勵你重新爬起來。等你覺得自己準備好要做出決定的時候，可以告訴我，那時候，我再陪你去醫院拿藥。」

言談間，阿誠哥彷彿在波濤洶湧的海面上伸出手，努力掙扎著想抓住繩索。他試著和我約定一個重新開始的日子，其間深思了超過十分鐘，而我靜靜地等待，讓他知道假如那天被他放鴿子，我也能理解和接納。

只聽他如同自我對話般說著：「我很想跟你說就如期進行，但又擔心有什麼變數。畢竟要去吃那些藥，就代表我得重新成長，但重新成長沒那麼簡單，對我來說等於要重新再回到這個現實，是更費力的。我現在一身都是病，都是在這邊躺出來的。」

原來，有些時候什麼都不做地躺著，是一個被逼到極限的人，面對殘酷現實最深的抗拒。和外人看來「懶惰」、「邋遢」的街友面對面時，我才發現他們有很多思維原來這麼令人感慨。

到了約定的那一天，阿誠哥起身後特別戴上口罩，但仍然掩蓋不住灰叢叢的鬍子。問他為何要戴口罩，他說：「我曾經嚇到路人啊。倒是你，對著我這樣的人怎麼老神在在的？」我陪著他從理髮開始，接著花了兩個小時盥洗，最後到醫院拿需要的藥物。這真是我服務街友族群以來，歷經過最澈底的改頭換面，隨著露出光滑白皙的皮膚和俐落清爽的光頭，阿誠哥看起來年輕了十歲。

離開「地獄」，繼續囤物

終於能離開街頭、搬進聚落的那天，走出火車站的路途中，阿誠哥開心地大喊了好幾聲：「地獄，掰掰！我再也不要回來。」並對我說：「謝謝你帶我離開地獄！住進屋子裡之後，我要養好元氣、交女朋友，還要找工作，自己存錢租房子住。」

第一天，對於聚落生活要配合的所有規定，他全部都點頭接受。然而到了第一週結束時，他變成天天在房間裡呼呼大睡。

漸漸地，阿誠哥開始在白天神龍見首不見尾，一下子說去花店、一下子是去醫院，或是號稱去台大當教授，又或者說要上電視台接受訪問。身上的裝飾也越來越花俏，搽了指甲油、戴著金項鍊和戒指等等，非常引人注意。

見他房間裡的雜物越堆越多，其他住民想找他討論，他卻總是先大聲咆哮，怪罪對方侵犯他的個人隱私。聚落裡逐漸沒有人能和他平靜地對話，他也逃避面對人際狀況，總趁著沒人注意時，溜進自己快被物品炸開的房間。度過彼此都充滿不愉快的三個月後，他被強制要求搬出。

囤積症充斥的日常

搬家的這天中午，阿誠哥起初沉默地堅持著擋在門口許久，最後明白事已至此，無法挽回，才不得不讓我們進到房間一起整理。我們花了三個小時協力把戰場一般的房間重回秩序。

「我知道我買了很多東西，醫生說我有購物狂的症狀。」阿誠哥像是做錯事的小孩，自白般地幫自己解釋。

好幾疊的發票，在在顯示著阿誠哥這段時間驚人的消費紀錄。光是居家拖鞋，類似的顏色就分別買了近十雙，濕紙巾也是一包又一包地藏在床角。

重複的不只是買來的東西，在街頭露宿多年的阿誠哥對於慈濟、廟宇等各社福單位的資源熟門熟路，《心經》手抄本就超過十份，還有從跳蚤市場買來的好幾尊小佛像。因為低收入戶身分能免費就醫的緣故，就連降血壓、止痛消炎等成藥也一包包地四散堆積。更別提從各處蒐集來的衛生紙、安全帽，甚至還有名片、硬幣等等，無一不訴說著他囤積症的嚴重程度。

「囤積症」，在街頭和許多獨居長者家中都非常常見。我們不時耳聞清潔隊人員收到民眾多次陳情檢舉，而必須定期到某些家戶或公共空間執行會勘，清除一些嚴重影響到社區秩序的個人雜物。

囤積症在二〇一三年納入第五版《精神疾病診斷與統計手冊》（簡稱 DSM-5），**歸類於強迫症和相關疾病部分，且往往伴隨其他身心疾病，並多半會破壞原有的人際關係。**我們在街頭遇過一位大姐，她因為長年在家裡堆滿資源回收雜物，被不堪其擾的丈夫趕出家門，因而露宿街頭，最後卻只是換個地方繼續堆積雜物。

你的幻聽在對你說什麼？

整理房間的過程中，阿誠哥多次停下來用雙手摀住耳朵。這景象我已然熟悉，便問他：

「你的幻聽在對你說什麼？」

「他們又在叫我做事了……走開走開！我不要理他們。我不想嚇到你們，不然我通常會對他們罵得更凶。」

他更幾度焦慮到無法行動，又或者捶牆壁抒發情緒，流淚說著：「真的不能繼續住了嗎？」

「我現在腦袋都亂掉了，我沒有家了……」

但我們別無他法，還是只能繼續整理。

由於物品實在囤積太多，便遊說阿誠哥把捕蚊燈、收音機、吹風機等電器用品保留下來，送給我們運用。那些他從各處跳蚤市場、大賣場買入，非常珍視的物品，只能先收進行李箱和袋子裡，只不過，不知何時可能又會在街頭面臨被偷竊、被清除的命運。

臨走之前，儘管有生氣、有抱怨，除了三度回望房間，他還特別擁抱了單位的工作者。

重複又重複，茫然的下一步

離開單位宿舍之後，阿誠哥帶著大包小包的行李又來到地下道露宿。隔天，有位與他同區域的無家者和我們分享：「昨天晚上他找我幫忙搬東西。看他東西這麼多，很快就會被收掉了啊。」

有別於台北市在台北車站、艋舺公園設置「街友專用置物袋政策」，台中目前僅有一處地下道有類似做法，並會不定時公告會勘清理行李袋以外的個人物品，以「維護市容」。而那個黑色袋子顯然絕對裝不下阿誠哥滿地的家當。另外，台中火車站更在二〇二四年有一段時間，從起初「無預警強制清除」到後來的「每週定期清理」，頻繁地安排會勘，由環保局把公共區域內的私人物品丟棄。

在無預警清理，也沒有專用置物袋作為配套措施的時期，我遇到幾位在車站中本來就有身心症狀的無家者變得更加焦慮，每天一早張開眼睛醒來，就擔心「今天會不會因為被突擊清理，而在上廁所、裝水或領便當等空檔失去家當」。有些人變得不太敢離開生活區域，每天最重要的任務就是顧著自己的行李。也有人三番兩頭地向我們反映自己的什麼東西又被收掉了，心情總是戰戰兢兢。

從執政端來看，為了回應民眾對於無家者在公共空間製造髒亂的怨言與陳情，這樣的會勘及環境清理是必要之舉，也可能得到乍看還算顯著的成效，**有些比較不方便的地方確實少了**

一些無家者。但，其中有多少人是順利地去租屋或寄宿？又有多少人，只是從這一頭被趕去其他地方？

對於囤積物品到極端程度，連其他街友都覺得太過誇張的身心疾病患者，難道最終真的只有露宿街頭才是他們唯一的生活選擇嗎？同樣盼望著一個家的他們，社會如何可能擠得出資源來幫助和包容他們取得平衡？相關精神醫療資源又如何穩定介入協助？

身為在第一線服務無家者的工作者，幾年之中若能有一名個案順利租屋自立，就已令我們備感欣慰。住進緊急或中繼住宅的無家者在三個月至一年期滿後，下一步在哪裡？不管是在街頭訪視端、生活自立端，我們常常給不出答案。

不以結果來定義成敗

幫阿誠哥搬完家後，我帶著滿身的「街友味」回到家中，內心百感交集。

我提醒自己：大哥不是第一次露宿街頭，在這些日子中，他總是能為自己的生命找到出路。三個月前，我們願意正視他想改變的決定，推了他一把，讓他住進社區宿舍。這三個月並不是錯誤，或許可看作他生命裡曾嘗試突破的一段旅途。**今日我們也並非放棄他，只是能**

陪伴和協助的方式，需要隨著季節做出調整。

我們總是要練習不用結果來定義努力的成敗。

一切會留在記憶裡

又過了一年後，現在的阿誠仍睡在地下道，每天仍忙碌奔波於醫院與化緣地之間。但每當我們舉辦的聚會或團體活動前一晚，他會為了隔天順利早起，而選擇略過長效安眠藥不吃。

感恩節聚會這天，他擁抱了我們，說道：「人家都說街友、遊民好臭，謝謝你們幫助我很多，搬家的事我也記得，一切感恩盡在不言中。」

8 面對街角的瘋癲

會不會有一天，被拒絕的人成了我們自己？

【微光筆記】

當精神疾病被視為一種歸因於個人的錯誤，人們想到的對策往往就是排除，甚至加以趕盡殺絕。我們能否不急著採取「排除」的手段來面對無法理解的人、事、物？會不會有一天，那些被拒絕的人，成了我們自己？

在街頭，我看見了各式各樣的生活樣貌。如果從一個維護市容、保持秩序的視角，這些情況可能會讓人感到困擾和擔憂；但如果是以陪伴者、朋友的角度來看，有時反倒會感到驚奇。

母女都在街頭生活

最初認識阿喬，是某年冬天經由住在社區裡的一位精神障礙者介紹，說她有位朋友肚子餓，想找東西吃。然而阿喬被半推半就地進門後，眼神幾乎不曾和我對視，嘴巴上不斷念著台語的：「不要啦，不要啦。」於是我請那位朋友不用勉強，讓阿喬有意願時再自己表達。

再度相見已是半年過後。她講話時仍多半低著頭、斜著眼，四十歲卻有著明顯比實際年齡更多的蒼老。她已數個月不曾洗澡，本來黝黑的自然捲頭髮糾結成塊，和半年前見到的樣子相比，更加混亂而憔悴。

後來梅雨季來襲，本來睡在外頭樹下的阿喬因為所躺的紙板經常泡在水裡，便獨自搬到一處窄小的屋檐下露宿，衣服仍舊沒換，濕了又乾、乾了又濕。

無論我們什麼時間過去，都在同一個位置見到她的身影，彷彿從不曾離開崗位，但身旁常有水、餐食，我很好奇是誰拿給她的。有天又去探訪時，剛好見到一位騎著腳踏車的男性送來幾瓶水和麵包，原來是與她在一起多年的伴侶阿正。

儘管知道阿喬的精神狀況不佳，但阿正從事臨時工，自己也居無定所，無法時時照顧，只能盡量找時間送食物和水來，並且關心一下她的生活情況。

也是經由阿正之口，我們才聽說原來阿喬的媽媽生活景況也和她類似，母女分別在不同的街頭，媽媽則與男友同住。

自我放逐般的惡臭與骯髒

來見阿喬時，若不戴上口罩根本無法久留。臭的不只是她身上的衣服，還包含她腳上被拖鞋磨破了而久久未癒的發炎傷口，群聚於周邊的螞蟻時不時爬到腳上。而她鎮日或坐或躺臥的那片小門檻，我們看著漸漸從灰色變成咖啡色，並沾上一排混合血漬、便溺的痕跡。她並且堅持不洗澡，說因為屁股也有傷口，一碰到就會痛。

阿喬不聽任何人的勸說，喊著不舒服的同時，卻完全不願意採取任何行動來改善現狀。睡在同一區域的無家者對於她自我放逐般的惡臭骯髒，心中的不滿逐漸累積到高點，紛紛用指責、訕笑等態度來表達對她的排斥。先前大家才因為睡覺的區域被封閉，不得不轉移到更邊陲的街角騎樓，於是有人擔心會因為她這隻「害群之馬」，讓他們再度被抄家驅離。

社工有心，卻難施力

社會局的社工受命要來改善阿喬的狀況，面對的同樣是她聲聲的「不要」。有個大熱天，社工扛了一大桶水來幫阿喬洗澡，她精神渙散地清洗著，衣服照樣沒換，打結的頭髮仍舊凌亂。

管區警察騎著巡邏車路過，特別停下來交代：「你們是社工嗎？快點讓她去洗澡啊！她這種情況，每個人見到都害怕呀！我們也怕她會在這裡翹辮子。我從來沒看過這種的。要不要去找她戶籍地的議員關說，想辦法來協助她呢？你們常常要服務這種的，比較有辦法，要快點處理啊！」

警察離開前感嘆：「實在是第一次遇到這種人。」

面對警察，我曾一度感到壓力，不喜歡被他們看到自己關懷無家者的樣子，總覺得從他們的視角，如果沒看見我們幫助個案脫離街頭或維護環境整潔的具體「成效」，那麼我們在做的事情會被當成像是餵養遊蕩犬一樣，治標不治本，繼續把困擾留給當地居民承受。

但，畢竟每個角色都有各自的職責和需求。對於社工而言，無論動機是出於服務個案或減少社區鄰里的陳情抗議，我們都需要回到**和當事人建立關係的基礎**上，才有往下工作的可能。

在各方面壓力之中，如何保有耐性去傾聽個案在那些反應背後的想法與感受，找到交集的可能性，由此切入，才有機會往下一步行動，而這便是身為助人工作者的挑戰。

出於憐憫而發餐的社區民眾

另一天，有位阿伯騎著機車路過，看到我們和阿喬在說話，他停下車，話頭一開聊起自己就住在附近，看阿喬可憐，偶爾會拿餅乾或便當給她吃。

社會局的社工聽了，一轉原本聊天的輕鬆態度，認真地對阿伯說：「她不可憐。其實這裡每個禮拜一到禮拜四都有固定發餐，阿伯如果真的想做好事，就留到週五和週六、日再來吧。不然你的好意反而可能導致食物被浪費。」

阿伯堅持說：「可是我看她很可憐啊！一定是有什麼苦衷才會一直在這裡，沒得吃，也沒辦法洗澡，哪兒都不能去。」

說到這裡，他從機車置物箱拿出一盒餅乾準備要給阿喬。剛剛還痛得哇哇叫的阿喬這時忽然腳有力氣了，站起身走過來，但社工堅持地站在阿伯與阿喬之間，擋住那包餅乾。

雙方僵持一陣子後，阿伯總算暫時放棄，邊喊著：「我下次再拿給你！」邊騎車離去，留下氣憤的阿喬無限循環地抱怨社工。方才那位扛著水桶、忍著惡臭幫她洗澡的善良社工，此刻在她眼中卻變得殘忍又無情。

阿伯的想法，身為社工的我們當然再熟悉不過。

然而，**不希望民眾任意發餐，不是因為無視於無家者露宿街頭的困境。**其實公部門一直以來都希望能整合民間資源的發放，**這是為了避免重複性地浪費，也避免個人囤積資源或分配過度地不均，並且進一步促使需求者能自己在固定發餐的時間排隊領取，尊重場管單位規定勿發放物資，以免街友聚集的訴求。**

助人工作，並非評斷誰值不值得幫助

另一位經常來此處領餐的大姐把我招去旁邊說悄悄話。

她說：「我也曾經同情阿喬，想說是同路人，就分享衣服給她，結果卻看到她都隨意地丟在一旁。」

接著大姐向我揭露她看見的「真相」：「還有，你知道她其實有老公嗎？她老公也住在街上。有好幾個晚上，我看到他來找她拿錢，才恍然大悟她是刻意要讓自己保持惡臭、骯髒的可憐形象，這樣好心人士才會給她錢。這根本是一場騙局啊！你們這些社工溫柔又有耐心，不要再多費心對她好了。」

大姐說的話，我不置可否。不過身為社工在累積了相關的工作經驗後，確實會具備一定的敏感度去聯想到，有時個案可能企圖為自己塑造「可憐」的形象，以獲得所需的資源。只不過和周圍的人們相較之下，社工不同的是，這樣的評估只會影響到我們如何與個案工作，而不會二分法地影響我們決定要或不要繼續陪伴他。

我相信**助人工作的重點是做評估後，選擇較合適的行動方案，而不是做出評論，去斷定誰不值得幫助。**

送到精神病院，真的就「好」了嗎？

曾經有民眾看見阿喬的情況而撥打一九九九通報。但由於她既沒有意願接受服務，也不符合強制就醫的條件，本身也不想過團體生活和穩定就診，無法就這樣把她送進女性安置宿舍……夾在多方角力之中的社工在不願壓迫到阿喬個人意願的前提下，能做的實在有限。

不過，後來阿喬至少願意換衣服了。順利達成這件創舉的大功臣是一位固定去發餐的老闆，他跟阿喬談交換條件：穿上新衣服，才能喝飲料。口乾舌燥的阿喬總算甘願換上乾淨的衣服。

面對這種有精神症狀的街頭露宿者，許多民眾會困惑地表示：「把他們送到精神病院就好啦！為什麼政府都不處理？社工怎麼不安置？是不是就是因為那些幫助他們的人，才讓他們一直賴在這裡不走？」

其實這樣的反感不只是一般民眾才有，同樣睡在街上的許多人也會產生同樣想排斥他們的態度。我們的關懷據點有好幾位有精神症狀的無家者前來使用，其他認知功能相對清楚的無家者便對精障者的幻覺、情緒反應感到不屑：「如果我們活在納粹時代，這種人早就被弄死了，才不會像現在讓這裡像杜鵑窩一樣。」

我每每聽到都覺得有點難過又好笑，有次忍不住向一位大哥回嘴：「如果是活在那個年代，不管有沒有精神症狀，睡在街上的人也沒辦法活著啦！」

被驅離，只是從街頭的這處，移動到那處

當精神疾病如同露宿、流浪和貧窮一樣，在各地被視為一種歸因於個人的錯誤，人們想到的對策往往就是排除，甚至加以趕盡殺絕。就像在阿喬休息的街角，私人場館單位為了將環境重新恢復到原有的乾淨整潔，幾度將無家者休息的區域封鎖；當他們遷徙到另外一處，不久後，那處又會放上圍欄。

我認為，場館單位有自己主要服務的社群，保留閒置空間給無家者居住確實並非他們應負的責任。但透過這個過程也明白地揭示出，**街上的露宿者並不會因為被驅離就能順利地找到房子居住。無家可歸的人終究是從街頭的這處移動到那處。**

同為社會的一分子，**我們能否不急著採取「排除」的手段來面對無法理解的人、事、物？會不會有一天，那些被拒絕的人，成了我們自己？**

用他的視角感受在疾病中，日常生活的艱難

【微光筆記】

我不願因感到被冒犯，而拿出助人工作者的權威壓制對方，但我該如何為自己的需求發聲？面對他的疾病或性格，我該如何看待、行動？當他恰好不符合主流社會期待的受助者模樣，我還願意提供他怎樣的服務資源？

動盪不定的那個冬天，老蔡失聯三天後，警察破門進入他獨居的租屋處，發現他已離開人世，身旁有安眠藥和酒精。他驟然離開，宛如暴風雨後突然到來的寧靜，讓人既感慨又百感

交集。

我總覺得老蔡內心住著詩人的靈魂，在他的精神世界之中，有無孔不入的小偷，也有浪漫華麗的花朵。那再也不會更新的通話訊息上，老蔡的大頭貼，仍是當初他在街頭隨手採拾後，放進瓶子送我們的那束花。

「馬路像怪物一樣，會把你吞噬。」

和老蔡第一次相遇是在上個冬季——灰暗的公園廁所旁，東倒西歪、橫躺彎折的人和家當。望著地面上的空酒瓶和散落的藥品，我們曉得跟這樣的個案相處的過程，勢必不容易。

原先他還有能力做點零工，每個月固定到醫院報到拿八種身心科藥物，但在我們接觸他的當時，他已經將近半年沒有穩定服藥，因此起初根本沒辦法等到與他清醒對話的時機。

經過幾次的探訪互動，彼此總算比較熟悉後，我開始陪伴老蔡去身心科看診。那段走去搭公車的路途總是格外漫長：顫抖的身體、無法對焦的眼神、走沒幾步就需要停留，都述說著他無盡的不安和恐懼。

「馬路像怪物一樣，會把你吞噬。」他曾說。那是我第一次用他的視角感受在疾病中，日常生活的艱難，就連坐公車也像是酷刑般折磨。

信任的建立在這些來來回回的過程中慢慢累積，幾次候診時的對話更讓我進一步地認識他的脆弱。當他露出手腕那一條條怵目驚心的傷痕，以及對於一次次被救回的複雜心情，我知道我能做的，是繼續這樣陪伴他並肩而坐，或多或少分擔他的焦慮與孤寂。**即便有許多個難以忍受的時刻，但並不因為討厭而放棄他。**

例如，他會頤指氣使地說：「給大哥買兩份便當。」並會在公車上大聲地批評看不順眼的人事物，不管對方聽不聽得到。他還會連環抱怨自己身體的大小病痛，認為沒有任何人能懂。狀況好的時候，他會摘取新鮮的花朵插進水瓶作為謝禮，這是他從年輕時就相當自豪的浪漫；但是當情緒低落時，他又會口無遮攔地咒罵人，對我們怒目而視。

我想要成為什麼樣的助人工作者？

在他面前，很容易感覺到一種不安與無措，作為社工卻被當成小妹一樣使喚，用心良苦都被踐踏在腳下。陪伴他的過程，好幾次挑戰我內心的掙扎，思考著自己想要成為什麼樣的助人工作者：

我不願因為感到被冒犯，而拿出助人工作者的權威去壓制對方，但我又該如何為自己的需求發聲、畫線？

面對他的疾病，抑或性格，我該如何看待、如何行動？

當他恰好不符合主流社會所期待的受助者模樣，我還願意提供他怎麼樣的服務資源？

每個月吃八種藥

夜裡的昏暗牆角旁，我們在手電筒的光亮中，一次比一次更認識老蔡。

長得人高馬大的他，中年過著擺盪脆弱的生活。精神上的強迫症狀讓他數度崩潰到必須掛急診就醫，這樣的反覆成為他的日常。

二十年前不是這樣的，當時正值壯年的他在工地做得如魚得水，一人之下的工頭位置，讓他口袋總是滿滿的，夜生活也精彩無比。作為家中最受寵愛的獨子，他愛好自由、無所顧慮，戀愛一場又一場地談。

談到那段過往，他說：「當時我一天賺兩千五，每天花掉一千，吃東西沒在客氣的。」

命運的挑戰卻來得無聲無息，也許身心的崩潰早有預兆，只是未被察覺。最嚴重的狀況是某天在工地裡，他腦袋出現無法控制的意念，就是要他出手攻擊人，幸好他在事態失控以前，趕緊指示其他工人將他綁到柱子上。

狀況控制住之後，他立即就醫，結果被診斷為有強迫症。從那時起，藥物便一路加重，後來多至每個月要拿八種藥物，其中還包括藥效較強的管制藥品，醫師開給他的止痛藥已經到了最高的劑量。

「你們沒有精神病的、沒有強迫症的人吼，不會懂。」他說過幾次這樣的話，在日常裡孤獨地面對著病痛和焦慮。

求職路上，一次次受打擊

由於露宿的廁所牆上，每隔一段時間就張貼「要施工，請勿堆積雜物」的公告，因此每當我們前往探訪，老蔡便詢問可否將他安頓在哪個住所。「當初我從外地來台中，走到公園這一帶就定下來了，不知道還有哪裡的街頭可以睡。」

於是我們順水推舟，趁他身心狀態比較穩定的時期，和他討論求職的意願與計畫。

然而，五十幾歲的中年求職本就不易，再加上脫離了勞動市場超過一年，以及在街頭生存更難穩定的精神症狀，一切是困難加成。連填寫基本資料都耗費他很大的力氣，才能用顫抖的字跡完成。

某次陪同老蔡面試，公司的主管在我看來還算友善，不像其他人直接表示拒絕，而是建議久未上工的他先試水溫幾天，確認自己能否負荷再做決定。只是我發現老蔡全程沉默以對，出了公司的門之後，忍不住詢問：「大哥，剛剛那樣面試，你會不舒服嗎？我看你幾乎沒怎麼說話耶。」

馬上得到他強烈的情緒表達：「感覺像被霸凌一樣。我這種病就是這樣，遇到陌生人，尤其是面試的場合，會覺得緊張、害怕，想離開啊。你看最後那個主管已經在不耐煩了啦。」

又有一次，我們去就業服務站，遇到讓人更加挫折的經驗。職員坐下沒多久便不耐煩地問老蔡：「所以你是想找什麼工作？」「你會使用清潔機具嗎？掃把那些是用具，不是機具啊。」

聽了他的回答後，她露出傻眼般的眼神，不說話地看著大哥，又看看我，對我說：「你是不是也覺得這位先生的回答很抓不到重點，答非所問呢？這樣出去面試，怎麼會有競爭力呢？」

而**她口中那位答非所問的先生，正坐在我們的旁邊。**

我遲疑著給不出任何回答，或者說不願意就這樣把老蔡視若無睹般地討論他的缺失，於是在職員提問後，我和她對視著，現場留下有張力的漫長沉默。

最終我們還是保持著有禮貌的姿態走出那扇門，可以喘口氣的時候，老蔡氣憤不已地說：「我是來找他們幫忙的。她以為她是誰啊，已經在面試我了嗎？」

到底該不該坦承自己的身心疾病？

那陣子，他面試了三、四份工作。原先很有自信地決心要重回職場，甚至告訴我們無論找什麼工作給他，他都會二話不說就去做。但幾次面試無果讓他忍不住困惑：「對方怎麼都問起我的憂鬱症？這樣我很難回答。照實說了，一定不被雇用。但其實我有吃藥的話，就跟正常人沒有兩樣啊。是不是因為看到我的疤會怕？我想找個手錶來戴。」

停了一拍，他接著說：「還有，人事資料會有一欄問我的身體狀況，是要我說什麼？以前去其他公司應徵，在人事資料提供註記的地方，我勾選有躁鬱症和憂鬱症，結果他們像看到什麼怪物一樣。我還能說什麼嗎？」

是啊，如果是我，究竟要不要勾選呢？曾聽聞朋友因為主管得知他服用憂鬱症藥物，就無預警地以「體面」理由解雇他。如同我接觸過的許多無家者，他們儘管被身心症狀所困擾，卻打死不願意去身心科看診，因為與其抱病生活，更怕被貼上標籤而永無翻身之望。

「到底該不該坦承自己的身心疾病」是求職時的一大難題。每一次害怕對方會如何看待或評價自己，也是艱鉅的折磨。

而協助這樣的個案，也會發現當他的生活環境裡還有太多焦慮源時，要想穩定工作、存錢租屋幾乎是難如登天。

陪伴老蔡求職的過程，讓我深刻感受到這些挫折、失落或被冒犯的經驗，其實正是很多無家者或身心障礙病人曾經歷過的。

這些創傷經驗在在被強化，形成了「習得無助感」，使他們再也不願意、更沒有力氣踏入典型的工作職場，對於周遭的人們失去信任，也失去對生命的動力，成為人們眼中「消極懶惰、無所事事」的模樣。

精神障礙者租屋自立的風風雨雨

過了一段時間，在身心科醫師同意為老蔡開立身障證明後，我們總算協助他把戶籍遷到台中，並申請了社福補助。他先是在安置宿舍過著團體生活，一段時間後，終於租了自己的房子，接著有機會重回工地工作。

那些日子，他的身心狀態漸入佳境。每天，他準時到工地報到，還因為做得很上手而升任幹部。只是強迫症的症狀並非消失，而是顯現在其他方面，比如以工作狂的狀態展現。

一方面忙於日復一日的工地工作，另一方面，老蔡和我的訊息互動卻捉摸不定，充滿了不定時炸彈。所有不經意的舉動或疏忽都可能刺激到他的傷痛處，讓他傳來一段段語帶諷刺和人身攻擊的訊息，甚至三天兩頭地以死問候。當需求無法即時獲得回應，他往往暴跳如雷，對我情緒勒索，最高紀錄還曾經在一小時內奪命連環 call 地撥來四十通電話。

但也可能某天當藥物壓住了這些身心症狀，他會傳訊息致謝，表示：「委屈你了，原諒大哥是個病人。」

他住進自己的租屋處生活，也代表我們不能再輕易地瞭解他當天的行蹤或狀態，只能毫無頭緒地承接著他在工作和生活的多重壓力、疾病困擾之下，不時的情緒起伏，卻完全不曉得原已戒酒的他又重拾了借酒澆愁的習慣。

情況變得越來越不可收拾。缺乏病識感的他無法辨認幻覺，天天認為房間遭竊，不只在電話裡連續一小時罵小偷、怨房東，更歇斯底里地對著房東和鄰房飆髒話、踹房門，放話要自殺。當我們報了警，面對警察和消防隊的救護員時，他卻從憤怒、歇斯底里中節制，控制自己的言行，面對任何刺激都不發怒，消防員無法將他強制送醫。當警察一離開，又再度打回原形，把租屋處鬧得雞飛狗跳、人心惶惶。

那些在新聞裡不受歡迎、在社區中讓人恐慌的精神病徵，活生生地就在我們眼前上演。每一天都發生新的狀況，時不時就被他充滿情緒張力的訊息洗版轟炸。

一聲不響，登出人間

還不確定能用什麼方式處理這個難題時，突然，他就那樣無聲無息地在幾天失聯中死去，床邊是藥物和酒瓶，門框滿是因為焦慮小偷而貼的膠帶。

沒想到如此頑強、時不時以死相逼的他，在經歷數次自殺未遂後，突然就一聲不響地登出人間。這是否真如他所願呢？他是否感到遺憾呢？死前的他，又是在什麼樣的精神狀態下和這個世界道別？

對於這場離別，我自問內心不得不說是解脫多過於悵然。甚至會想如果當初曾寵溺他、互動緊密的原生家庭，卻被他視為拋棄自己的惡者，大抵也是經歷過這樣讓人吃不消的混亂歷程。**我們仍舊要接納自己助人的限制，我們從來沒有能夠當誰的救世主。**

老蔡生前總是說自己早已孑然一身，和家人斷絕了往來。讓人感到意外的是在他出殯當日，家族的三個家庭、近十位家人竟特地遠道前來，並仔細地透過我們瞭解他離家漂泊近七年來的點點滴滴。

最後他們表達感謝：「謝謝你們讓他至少是在屋簷下死的。」

讓人能有尊嚴地生活、死得也有尊嚴，也許有時也是我們在努力的事。

搬進屋子裡，會不會比在街頭危險？

從我服務無家者以來，老蔡是第九位過世的個案。回想起來，近兩年的陪伴中，我們之間的種種互動竟像是陪伴他的臨終關懷。

他的身心症狀也許曾經因為我們協助就醫而得到控制，他的人際連結也許因為我們鍥而不舍的互動而得到改善，但我仍不免自我懷疑：如果更早地主動幫他和家人聯絡，結局可能有所改變嗎？如果不要協助他自己租屋生活，是否就能避免他在房間裡吃安眠藥搭配酒精，而無法及時送醫急救的狀況？

到底那些陪伴促成了哪些改變？那些傾聽又達成了哪些療癒？搬進屋子裡的人會不會過得比在街頭危險？……

這些自問，還真是讓人難以回答。**第一線的助人工作往往沒有快速、簡潔的SOP或標準答案可以操作，只能一次次地從經驗裡學習或找尋意義。**

回想起老蔡曾對我說：「你有信仰、有善念，不要像我們這種精神病人啊。真的就是精神病人，不用在那邊閃東閃西，說什麼身心病，就是精神病啊。有藥吃的時候好好的，沒藥吃的時候就抓狂，傷害自己、傷害別人，像兩種人一樣。」

如今他終於從反覆發病、身不由己的日常中，得到安息。

9 那些無聲的離去

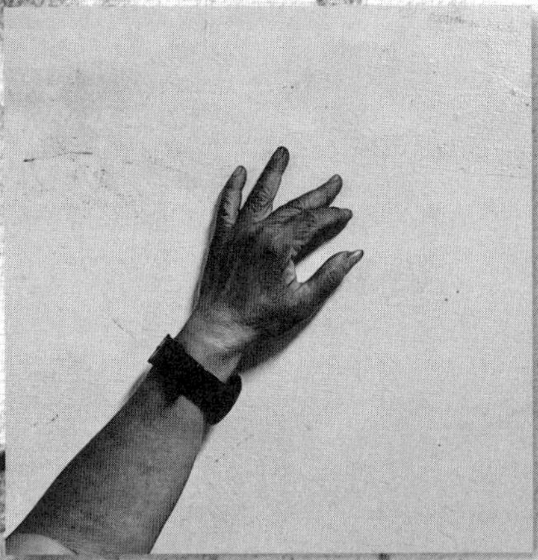

更痛苦的是，活著，卻沒有盼望

【微光筆記】

或許有人會說：去記得這些對整個社會來說死了可能不足惜、連告別式都不一定有機會舉辦的已逝街友，意義何在呢？也許死亡更重要的意義，還是讓活著的人去領悟吧。

參與台灣廢死聯盟的「監所訪談計畫」時，曾和幾位不一定能活著出獄的受刑人聊過生死的話題。生死，是每個人必經之路，而**更痛苦的或許是活著，卻沒有盼望。**若早已深陷於沒有期待的麻木人生，連痛苦與悔恨甚至都不再有感，那麼死亡或許亦被視作一種解脫。

在街頭這幾年來，我們所認識的人當中，從人生畢業的二十幾位，有些人離開得突如其來，有些人走之前早已如風中殘燭。每每得知死訊，我都會在腦海裡描繪印象中他們的身影，心裡想著：**他是以什麼樣的情緒離開這個世界的呢？如果我有機會在他臨終前，和他說話，他會想託我傳遞什麼訊息給什麼人嗎？或是，他想留給這個世界的訊息會是什麼呢？**

這個時候，我想起老德。

如果沒有這個病就好了

初見老德是在一處後來已被柵欄封鎖、禁止居住的騎樓下，瘦骨嶙峋的他顫巍巍地坐在輪椅上，大口喘著氣，彷彿魚離了水一般快要窒息。隔天，他便因身體狀況危急而被送急診，醫師說他心律不整、測不出心跳，屬於高風險的狀態。

幸好他意識仍清楚，當院方詢問起他的家屬，老德簡要地交代自己的家庭背景，接著說：「我哥哥都不理我啦，他做生意失敗之後就不管我了。還有兩個弟弟，但也不知道他們在哪。」

七十一歲的他原本在外地從事重勞力工作，五年前因氣喘發作，剝奪了體力，不得不回來戶籍地。失去工作又失去住所，讓他好幾次想登出人生：當氣喘發作時，他曾忍耐著不作為，等著斷氣；有次正打算從十二層高樓一躍而下，卻遇到他人關切而作罷……最後，他來到街頭露宿。

「如果沒有這個病就好了，我還能出陣頭，有現金在身上，不用麻煩你們。現在的人生有什麼意思？沒希望了啊。」

薄薄的皮膚在診療過程被刮出血絲，彷彿映照著他此刻的心情。

如果再也沒有明天……

後來幾度陪他入院，他總是客氣又禮貌地頻繁對我表示歉意：「小姐，不好意思餒，還讓你推輪椅。你很忙吧？你有事就先走，我可以自己在這裡。」

他曾求助於不同的單位卻失望退卻，住院不到三天就趕緊自行離院，只因怕費用太貴，孤立無援，又很不願麻煩人。

老德的情況讓我聯想到《無緣社會》這本書，書中講述在人際網絡越形斷絕的狀態下，與日俱增的孤獨景況。

雖然老德從社會局拿到一張辦理「中低收入老人生活津貼」的程序說明，但這張紙對於身無分文的露宿者而言，就像是永遠破不了關的尋寶圖一樣。要申請到生活補助，得辦印章、重新辦身分證以更新家戶資料、印證件照，然而老德過往的所有積蓄都在租屋、就醫及伙食上費盡，身上只剩兩塊錢，他根本連一步也無法跨出。

沒有現金能申請社福資源、三餐不繼，連帶地氣喘藥也吃得不穩定，然後身體症狀接連發作，喘不過氣，甚至兩眼昏花……他的生活動彈不得，就只能一直躺著，不敢去想還有沒有力氣回診拿藥，不敢去想還有沒有明天。

「我想說可以走了就好。但怎麼都死不了？」

生命力體現在他們身上，有時像是一種殘忍的考驗。

費盡辛苦，證明自己的人生

我和老德一同到戶政事務所申請中低收入老人生活津貼，協助不會寫字的他填寫資料。光是第一個任務「換發身分證」就坐等了快兩個小時，但也有機會多瞭解他過往的故事。

四十年前，老德曾入獄服刑一年，期間，妻子將離婚申請書寄進高牆裡，然而文件輾轉不知去向，因此明明已離婚幾十年，他的身分證配偶欄卻遲未更新。「當時是我前妻自己離婚的，後來我都找不到她。好幾次我想換身分證，可是都沒證據，名字就一直留在那。」老德的無奈透露在蒼老的眉眼之間。

一手撫養大的兒子成了水電師傅，二十七歲時卻因工殤過世，留下一筆保險金，失聯已久的太太竟在那時候現身要分錢。談起往事，他滿是無奈。

終於輪到老德了。

由於四十年前尚未電腦化，戶政人員為了查證和確認他的離婚狀況，耗費好大功夫。現實已經這樣挫折重重，為了在身分證明文件上如實呈現悲劇告終的婚姻，卻還需要他一次次地說明當時的狀況，想辦法證明自己的人生。

來不及等到補助

辦完津貼補助沒多久，我就接獲老德再度入院的消息。去看他的時候，我頭靠在病床的欄杆上，聽著他說話不禁讓我眼眶微濕。

老德虛弱得幾乎失去開口的力氣，嘴巴一開一闔之間，要靠得很近、很仔細地聽才能聽清。

「這幾天，我都有夢到耶穌。我知道我身體快要差不多了，耶穌跟我說祂也很心疼我這樣累，祂要帶我走，要我不用擔心。祂問我：你每個晚上這樣呼喊我，你知道我是誰嗎？我說是上帝。

「上禮拜、還有今天，你來看我，我好開心。我本來以為撐不到你來看我了，沒想到你今天那麼早來，我就心滿意足了。耶穌說，如果我早個兩三年遇到你，我人生就改觀了。我很幸運啦，從台北回來到睡在騎樓的隔天就遇見你。我知道你心地善良，很關心街友。那個錢雖然通過了，但可惜也沒有用了。

「希望你之後找個好老公。你能力很好，我相信你會好好的。你不要擔心我，不要再為我煩惱，好好地過你的生活，這就是我最大的希望了。」

老德如同囈語般，儘管有些感謝的、懷念的、追憶的內容已經重複過幾次，但我還是像第一次聽一樣認真地聽著。

我沒有想到這段認識才一個多月的忘年之交，會發展成如同生死相託般的深重。當老德因為喘不過氣、四肢無力，覺得自己就要離開人世時，竟然一次次拜託護理師打來，交代著對我的抱歉和感謝。這讓我覺得又難過、又欣慰：難過的是在感受到他的善良與柔軟之後，橫亙在眼前的是分別；欣慰的是在他生前，我還能成為他少數能信任和聯繫上的對象。

我不清楚老德和他的兄弟之間經歷過什麼，不過眼見老德病重，我曾試著撥電話給他哥哥，可惜老德始終沒能等到親人的探視。

在孤單中，面對死亡

在孤單中面對死亡，是許多無家者人生最後一段里程的心境。

其實死亡本就是孤獨的旅程，這是我大學時至安寧病房實習一段時間後的體會：無論生前擁有再好的人緣、再風光的工作位階，在臨終前，終究只能安安靜靜地，獨自承受身心最後的知覺與感受。

有位街頭的大哥本來會定期參與我們舉辦的創作聚會，某一天卻突然無聲無息地消失在大家的生活中，沒有任何人知道他的行蹤，他也沒交代任何話給誰，大夥兒就這樣再沒他的消息。

那一個多月透過幾位社工不斷地聯繫，終於得知他的下落：原來那位大哥早有預感自己將死，於是選擇到一處沒有人找得到的橋下，以一個人的露宿生活迎接死亡，不被打擾，也不打擾人。我們想過各種可能，卻沒料到真相是這般戲劇化。

如此坦然迎接死亡的獨特方式讓我印象深刻，原來人真的有可能提前預料到自己生命的終期。即便活在當代這樣擁擠的城市中，一個人也可以選擇如此離群索居，帥氣地獨自迎接死亡。

還有一位露宿車站的小草哥，年紀不過四旬，身體狀況卻極差，三天兩頭跑醫院，又因為沒有錢多做治療而草草出院。綽號小草，因為他自認是「獨花獨葉一根草」，父母早逝的他從小孤苦無依，從事過最長久的事是當跑腿、當打手、蹲牢獄及躺街頭。人生索然無味，活著，對他來說只剩下消磨時間。

一晚我們去探訪他，期間他曾捂著肚子，明明看起來極度不舒服，仍笑著堅拒我們協助送醫。就在當晚的凌晨四點，身旁友人目睹他突然吐血，離開人世。

一生之中不知道疼痛過多少個夜晚的小草哥，是否前一晚就已知道自己的時日差不多了呢？

儘管明白救護人員無法強迫不想就醫的人上車，我仍忍不住想著：若前一晚多做一些什麼，能否延長他的壽命？

轉念又想，或許我們應該接納生命中的無常，還有每個人對自己生命的決定。

小草哥很常分享東西給我們，特地買的飲料、多收到的物資、撿到的鍋子，都大方地給我們去轉交給需要的人。友人說他走的那天凌晨，即使肚子痛，也不忘掏出芭樂說要留給我們。

還記得見到他的最後一面，我拿蚊香給他的時候，他露出陽光燦爛的笑容，客氣有禮地說：「又讓你們破費了，謝謝你們啦！」

珍惜身邊的人，珍惜眼前的幸福

有一年在花蓮玉里天主堂劉一峰神父的小辦公室裡，見到櫃子上擺著幾位無家者大哥的遺照，因為沒有家人願意將他們的照片領回去，神父便將他們視為自己的親人來追憶。有時候我會想，去記得這些對整個社會來說死了可能不足惜、連告別式都不一定有機會舉辦的已逝街友，意義何在呢？

偶然間，我望見火車站旁那棵開得正漂亮的木棉花，記起木棉的花語是「**珍惜身邊的人，珍惜眼前的幸福**」——也許死亡更重要的意義，還是讓活著的人去領悟吧。

行李箱珍藏的價值

【微光筆記】

別人不懂這些物品的價值，但他自己明白就好。什麼時候要賣也不是重點，或許光是收藏它們，陪伴著自己多年來的生活，就是他心中的某種寄託與撫慰。

幫阿豆大哥整理遺物時，看著掛在他宿舍牆壁上的佛像，我猜想，直到人生的最後一段路，他可能都還努力相信著自己失明的左眼有天能得到神明醫治。

「感到好失望啊。」

左眼失明是阿豆大哥這一年來到車站以後發生的事。原本還雙眼健康，但從患了青光眼開始，歷經細菌感染、反覆搓揉，加上延遲治療……當我們認識他，帶他從診所到大醫院做了最完整的檢查後，得知左眼的病況已嚴重到「無藥可救」，只能靠努力點眼藥水，讓看得見的右眼保持視力、看不見的左眼減緩不適。

好幾次和阿豆大哥在眼科度過漫長的候診時間，看著他狹小的眼眶裡盛滿紅通通的血絲，我忍不住想著：人老了，眼皮都會變得鬆弛和下垂嗎？或者拉墜的是失落的重量？

「感到好失望啊。」

言談間，他重複了至少三次，那份失落的重量也透過僅存的右眼清晰傳達。

「失明了，覺得好不想活啊。我這樣子跟正常人不一樣啊。我現在都不敢和以前的朋友聯絡，怕他們認不得我，也怕他們覺得我不正常……」

既害怕自己露宿街頭又單眼失明的落魄樣，被認識的親友在路過時認出來，又害怕這些記得他過往的人卻再也認不出自己——這是他最深的恐懼。

假使無關醫治，再多的鼓勵有何意義？

無論在診間或車站，阿豆大哥彷彿溺水的人看到浮木就想抓住一樣，對於來自教會團隊的我們一次次提問：「你們是不是可以跟神明溝通？能不能幫我問看看你們那個耶穌，為什麼我會這樣？我也沒有做什麼壞事啊。」

或是說：「神明都是慈悲的，如果祂願意，一定能醫治我吧？是不是我不值得被醫好？」

有時帶著自憐：「這真的是怪病吧，你有遇過這樣的嗎？我沒想過自己有一天會看不到。」

這些問題實在困難得讓我只能選擇沉默不語。從我的信仰而言，我相信我們的神辦得到，只是我們沒有人知道神蹟何時會臨到自己，或是眼前我們想祝福的對象身上。一次次發自肺腑地為阿豆大哥祈禱，我把重點放在祝願他能發自心底深處地感到平安，無論處境如何。

如果這份祝福並不包含左眼視力的痊癒，阿豆大哥還會有相信神的可能嗎？

如果我是他，我究竟要相信什麼？如果無關醫治，再多的鼓勵對我到底有何意義？

我遮住自己的一邊眼睛，眼前的畫面瞬間少去一半，這就是阿豆大哥現在看見的世界。他孤單地面對眼前所見一天比一天狹窄的命運，鮮少和別人聊過自己這些心情，也不敢接受一雙眼睛失明早已被醫師宣布為定局。

對我來說，唯一能做的是陪伴他就醫及傾聽他的苦楚，試著設身處地用他的視角看世界。即便他感到失望、甚至絕望時，讓他知道他不是孤單一人，讓他知道他仍然有做出行動的可能。

那份堅定不移的「相信」，是什麼？

阿豆大哥的家人得知他過世後，出面來處理後事，但在他生前卻從來不曾正臉與他和解。從沒聽他說清自己過去飛黃騰達、有能力買地蓋房子的時期，究竟做了什麼讓妻子、兒女難以釋懷的事情。不過約略可知在小三通時期，往返中國、台灣做生意的他和許多男性商人一樣，面對的不外乎是性和賭博的誘惑。

當事業頂峰坍塌、人生崩解，他在台北的萬華住月租不到三千的房間，仰賴工地粗重的工作，省吃儉用，偶爾出陣頭貼補生活。

後來身體狀況惡化，一場車禍導致無法回復的腰傷，讓他再也無法負荷粗工的強度。在台北車站住了四個多月後，回到戶籍地台中，想著能夠更方便地和家人聯絡，但事實是，始終提不起勇氣。

當他在火車站住了一陣子，因受不了街頭常見的酒醉打架及政府加重強度的驅逐作為，而到社會局提出有意願入住安置收容處，並順利搬進中繼住宅。像阿豆大哥這樣的人在街頭算是非常弱勢，由於未滿六十五歲，又有收入不錯的兒子為法定親屬，他無法申請補助，幸好獲得社會局類似「以工代賑」的清掃工作，終於有了半天五百元的收入。

然而即便已經口袋空空、餓了好幾餐卻連麵包的錢都付不出來，阿豆大哥仍有個堅持，他寧可餓肚子，也始終珍藏著過去蒐集的寶玉和古董，不願賣掉換錢。

倘若有一點點零錢，他也會優先拿去「買個希望」，專注地盯著彩券行開出的數字，期望幸運從天而降。甚至有時特地北上，去以前熟悉的廟宇求神問卜。

我很好奇，**他堅定不移的那份「相信」究竟是什麼？他珍藏著不願放手的又是什麼？**

帶著尊嚴離世

在空間不大的宿舍裡，我一邊收拾著阿豆大哥的行李箱內，他一一用報紙仔細包好的珍藏品，腦海裡浮現他在面對艱困的晚年生活時，偶爾用小鑰匙打開箱子，看一看、摸一摸自己視若珍寶的古董收藏。也許別人不懂這些物品的價值，但他自己明白就好。什麼時候要賣也不是重點，或許光是收藏它們，陪伴著自己多年來的生活，就是他心中的某種寄託與撫慰。

失去視力不是他能掌握的事，但至少，還有這些從年輕做生意時就保有的收藏習慣、鑑定能力，選擇繼續收藏這些古董，是他還能掌握的事。

儘管身體不適，最後的日子，他仍然穩定地到工作場所報到。雖然接觸的時間有限，但每次見到他，都看到他把自己裝扮得體面整齊，就像初見時，即便飢腸轆轆，他仍然很有尊嚴地和我們談話而不主動索取物資。

他是抱著什麼樣的心情離開人世的呢？沒能和家人團圓與和解的遺憾，該如何安放？

我不得而知，只能在協助清完這個味道讓人難以忽略的房間後，和一起清潔的大姐一起在門口，為他和他的家人祈禱、祝福。

10 有沒有一個不淘汰人的社會？

好手好腳，不是可以工作嗎？

【微光筆記】

乞討因為被視為「躺平」的行為、「不勞而獲」的意圖，而被這個社會所排斥。但在實際接觸之前，我們不會知道眼前這個人做出這樣的選擇，也可能多麼不容易。

「可以給我食物嗎？我好餓。」

在一個寒冷的十度冬夜，那個男人獨自站在艋舺公園附近人來人往的捷運站前，對著前來的人們這麼詢問。

當時的我還是正在修讀社工系的大學生，剛結束了和一群夥伴在艋舺公園探訪關懷無家者的行程，準備返回學校宿舍。注意到這一幕，本來戴著耳機的我，把手機裡的音樂切掉，將腳踏車停到一旁，拿出包包裡剛和街賣者購買的兩包餅乾走過去給他，順便探問瞭解到，原來他方才剛從板橋車站走過來，錯過了艋舺公園裡夜晚發放的熟食。

他望向我拿過去的餅乾，說：「蛤沒有便當嗎？沒關係還是謝謝你，有餅乾也很好。」表情露出一瞬的失望，但還是誠摯道謝。

聽到他的詢問，我心裡有點尷尬。想幫忙，但一方面又覺得已經分享了身上現有的所有食物，總不會還要特地去買熟食吧，猶豫了幾秒就上了腳踏車揚長而去，想早點回到溫暖的房間休息。

正好需要他人伸出援手的一天

騎了幾百公尺遠後，心裡卻仍有些掛念，腦海裡還是浮現他一個人站在廣場的身影。我有兩種想法在拉扯，一部分是覺得反正會有別人來發食物，物資在街頭並不匱乏，這個從實際觀察而來、也從倡議論述而來的印象深植我心；另一方面，也想到另一種可能：物資不均衡的現況中，今天也許正好是比較少人發餐的日子，**今天也許正好是他確實需要他人伸出援手的一天。**

花個五、六十元，就可以讓他不用站在那裡那麼冷、等那麼久，對我來說很困難嗎？會困擾我的生活嗎？答案是不會的，**給予有時候比想像的簡單很多。**

但一直以來，我仍舊傾向在分享中是雙向互動，而不想變成單方面施捨，因此腦海冒出「不然我問他可不可以用一個便當交換他的故事」這樣的奇想。

我順從內心的驅動，回到現場，發現有個警察在和他對話，立馬想起前陣子在校園遇到路人詐騙金錢的經歷。原想再度提醒自己：對嘛，有些時候就交給警察來處理啦，人民保母啊，畢竟我自己也不是有很多錢，究竟可以給予幾次？

但，不對，和預期的不同。警察並不是社工，「維護秩序」的當下，他們的任務並不是來「連結資源」的。我牽著腳踏車假裝路過時，聽見的是：

「不是啊，你這樣在捷運站前面乞討不會嚇到人嗎？剛剛就有女生打來說被嚇到。公共場合本來就不能乞討了好嗎？請你離開。」

男人頭低低地說：「可是我只是餓肚子，想找人幫忙。」

警察沒太多耐心地回覆：「啊你好手好腳不是可以工作嗎？自己想辦法好嗎？請離開。」

對於當時的我而言，心裡是一百萬個震驚。我從遠處跟著大哥離去的身影，想知道他會去哪，也想說如果時機合適，我還是可以買個便當給他。

然後，我看見他走到艋舺公園對角線的路口。當時已是晚上十點多，如果沒看錯，他除了飢餓，還冷得發抖，卻也不敢再跟任何人尋求食物，就只是在原地徘徊，步履蹣跚，身影削瘦。於是我把車停好，再度走到他旁邊，問他剛剛發生了什麼事，以及表達我想買個便當的念頭。從隔壁便利商店買來剛好很便宜、還送熱飲的即期便當給他之後，我們站在路口又多聊了一些。得知了他叫阿森，聽說了他的粗略背景，也看見他身上一些很獨特的眼光和堅持。

生命中的美好善意

四十七歲的阿森孑然一身，父母都已離世，自認這一生已活得夠本，最糟的結局就是死，也沒什麼執念。他說，如果腳傷有機會恢復，他會再試著找工作。

積欠多年健保費的他，儘管身體四處有病痛，也不想去看醫生，不願意求助社工，更不願意為了一份雞腿便當去教會聽講道，對他來說這是「出賣靈魂」一般的行為。他不願意，也不喜歡會欠人情的作為，但卻願意拉下臉來向他人要食物。

「很少人會像你這樣啦，我活了四、五十年會不知道嗎？」這句話他對我重複了好幾次。我和他聊起了我也曾經在人生中遇過的美好善意。

「你今天其實是賭很小的機率，勇敢地站在街上跟別人要食物欸。」我說。

這句話並不是社工人職業病的「優勢觀點」，而是我真心的看法。曾經在人行道上發放傳單、兜售明信片，親身體會過，**要獨自在大庭廣眾之下承受他人的拒絕，還願意站在那裡為自己的想望或需求行動，那絕對是一件需要勇氣的事情。**

阿森說，通常等個一、兩個小時就會有人幫他，無論是去板橋車站或艋舺公園，都是餓不死的。也遇過一些人在旁邊指指點點，認為他為什麼要當乞丐，他選擇沉默，不予理會。只是，長期積累的疲倦仍然顯露在眉宇之間。

「其實我很累啊，吃不好、睡不好，也越來越瘦，不知道為什麼而活。在街上住久了，其實會變得很被動啦，不太敢做什麼事，別人說要給我工作，我也都會先擔心很多很多。」

實際接觸一個人之後

和阿森的相遇，讓當時還是學生的我對於自己看待「乞討」這件事有所反思。乞討，或者幾位當事人會以「化緣」作為較正面的說法，太多時候因為讓人感到被打擾、被擋路，或是讓人獨自下定論，厭棄對方「躺平」的行為、「不勞而獲」的意圖，而被這個社會所排斥。

但，和阿森因著便當而開展的對話，讓我心中思考：看起來很健康不是他的錯；爸媽都過世了、自己生病又出車禍不是他的錯；用自己的方式不偷不搶、坦蕩蕩地努力求生存，也並沒有錯。**在實際接觸之前，我不會知道眼前這個人做出這樣的選擇，也可能多麼不容易。**

和阿森道別後，有輛計程車停到我旁邊，司機搖下車窗問我：「我剛剛在旁邊看一陣子了。他很常在這邊晃來晃去，也不跟其他流浪漢一起，啊也沒做什麼壞事。你這樣不錯啦，很有愛心。」

司機簡單一兩句的資訊，讓我對於剛剛和阿森在對話中建立的信任，多了一份安定。

我問這個開了三十幾年計程車、從晚上十點多開到天亮的司機：「你很常看到他嗎？」

「對啊。他感覺頭腦有問題齁？」司機回答。

「我不知道欸，但他很努力在生活，滿辛苦的。司機大哥，你也辛苦了喔。」

當時還是學生的我也許無法像社工一樣，有更完整的視角去瞭解和評估阿森的背景資訊，但，我清楚知道自己轉身再度邁向回家路途的這一刻，懷著截然不同的心情。

這些生命故事教給我的

在那場相遇的四年後，對於乞討／化緣這件事的反思仍放在我心中。如果你問我：那些化緣的人，會不會有假裝肢體障礙的騙子？會不會有那種明明可以去工作卻選擇手心向上的人？會不會把錢拿去買菸、酒或賭博？

我想是肯定會有的，卻也不都是如此。而**即便他符合這些描述的任一項，我也不覺得他就該遭到社會的厭棄。**

這些年來實際在街頭陪伴，我認識了年僅十一歲就被雙眼失明的母親帶去外頭化緣的阿木大哥，他的右眼也看不到，後來他除了做粗工，也習慣把右眼包紮起來，在人多之處化緣以賺取零用金。並認識了「年糕大哥」，為了籌措隔天的餐費或復健費用，他會在車站周圍熬夜化緣。我也認識了白天有清潔工作，但晚上回到露宿地，便跟著其他車站住民一樣跪坐在地上，擺個紙碗在腳前碰碰運氣的老吳；還有長期因為腳不良於行，只能靠化緣賺錢養自己、養女朋友，偶爾拿零錢「投資」彩券的阿軍。

我也想起有位販賣《大誌》雜誌的大姐和我抱怨過，當她辛苦地在街角做生意時，旁邊一位好手好腳的大哥卻會把自己裝扮成身障者，用不友善的態度要街賣阿姨退到一旁，而更引人注目的他想必是獲得比較多路人的金錢。

每每消化著這些在邊緣族群世界中觀察到的人際生態，我總會感慨，弱弱相殘、弱肉強食的現實四處都存在。當一些經濟匱乏者以欺騙作為生存手段，他們也是向這個處處充滿競爭的社會，習得「必須夠可憐，才會被同情」的叢林法則。明白當我身處在匱乏的處境中，我也不一定能確保自己做得比眼前的人更好。

而當一個人把乞討來的微薄收入用在菸、酒、賭，而不是購買餐食，或許作為給予者，我們會感到氣憤或者挫敗，感受到自己的好意似乎沒能照自己的期待實現，但這個選擇並不難理解，菸、酒對於許多人的重要性也好比生活在現代的科技產品之於我們，眼前這項東西的吸引力帶來的樂趣與療癒性就是大過於睡眠或食物。

反思自己還算資淺的助人歷程，之所以能繼續保持著不被冷卻的熱忱去付出關懷，也許便是保有一種理性的樂觀以及換位思考的悲觀，明白這世界的長相本就不是純然的黑與白之分別。**我所陪伴的對象從來就不能被單一地歸類為好人或壞人，我們都擁有共通的人性，人性之中有善良、亦有貪婪，有冷漠、亦有愛與被愛的渴望。**

街頭是我的教室

【微光筆記】

儘管過程中面對各種挑戰，但正因為年輕、資歷較淺，我將之視為一種修煉的機會。這些養分也許無助於提升職場競爭力或薪資水平，卻深刻地關乎我如何看待自己、尊重他人及理解世界。

作為第一線服務無家者的社工，我多次遇到他人疑問：「你讀台灣第一學府，為什麼要做這樣的工作？」

也有好幾次遇過民眾提醒，或者甚至無家者自己都勸告：「少往這種地方跑」、「不用浪費時間」、「不要汙染自己的價值觀，讓自己提早對世界悲觀」……

對於這些評論，我心中倒有不同的感受和想法。我一直覺得無論是藉由無家者的人生故事、和他們互動所帶來的碰撞和感動，或是透過他們身處的公共空間啟發我們對於一個宜居城市的思考，這些學習都是一生受用的，也是對同在這片土地的我們同樣重要的課題。

關於「拒絕」的課題

比如在據點服務中，作為資源分配者，一開始，「拒絕」對我而言是很不容易的課題。娜姐正是我在這個課題中很大的挑戰。每當遇到娜姐，我內心小劇場裡的警報音效便會默默響起。

有天，娜姐穿著輕盈的小洋裝，踩著小碎步抵達據點，頂著比我上一次見到她時更灰白的頭髮。見她看似淡定如常，我揚起笑容向她打招呼，回應我的卻是皺著眉頭的神情——那一刻，讓我知道她這天的心情不美麗，自己得謹慎地接招。

娜姐是個極度有潔癖、非常有防備心和重視隱私權的對象。如果看見她拖著行李箱，表示那段時間她居無定所，夜晚只能坐在便利商店休息，由於長時間走動、無法躺下，對腳的壓力可想而知，她會不時抱怨小腿水腫又疼痛。

但如果像這天一樣，行囊輕便，那我便能猜到她是從某個住處移駕來據點洗衣服和洗澡，以及按照慣例幾乎不會少掉的——索取物資。

娜姐之所以帶來不少壓力，不只因為她很會索取物資，還要得頻繁、態度強勢且不屈不撓。例如先拿了一件衣服後，她會接著說：「可以再給我一件嗎？我洗澡需要替換啊。」還補上一句：「我不要二手的喔。」

當我表達我們一次只能拿一件的原則，她又說：「那有裙子嗎？還有，如果有人捐拖鞋，可以留給我嗎？……」短時間內接連提出的物資需求令人應接不暇。

看到我在猶豫，她會笑吟吟地試圖以情感攏絡達成目標：「你人比較好，也比較好說話，今天再多給我一件嘛！不然我找其他人都拿不到。」

「這樣對我們也有點不公平呀。」

這種場景並不令人感到意外。不過，我們團隊服務的重點立基在**「陪伴」的關係**，而非發放物資，因此面對個案提出物資需求時，我擅長應對的做法是先展現想要認識對方的誠意，試著透過提問蒐集個案資訊的同時，也在對話中建立信任的基礎，讓對方即使現階段被拒絕了，仍願意保持後續關係的連結。

但這一招對娜姐除了不管用，還往往會引來她的戒心。加上她這天心情本就不美麗，可能剛在哪個單位碰了一鼻子灰，於是我成為她遷怒的對象之一。

「為什麼要問我這些？我發現你們社工很喜歡窺探我們的隱私。問了之後又有什麼用？你能幫忙我什麼？」她像一隻全身拱起來、毛都炸開的貓。

六十幾歲的娜姐，這種長輩式的說話氣場和嚴肅的神情正好是我最難以招架的。我感受到自己也遭受著不平等對待，便試著帶點無辜的語氣和她討論：「所以你覺得我們應該什麼都不要問，就默默地聽大家要什麼，我們就給什麼嗎？可是這樣對我們也有點不公平呀！我們對你的狀況都不瞭解，又為什麼有辦法理解你的需要呢？」

娜姐愣住了。沉默的空白中，我聽見電風扇轟轟的運轉聲，還有旁邊沉睡的大哥的鼾聲。顯而易見，雖然娜姐暫時不知如何回應，但她對我這番言論相當不高興，似乎在調節自己的情緒，拿捏著是否要對我發怒。我在沉默之中按捺住自己想說話的衝動，就默默地站著等待。

娜姐打破沉默，怒目看著我，用越來越大聲的音量說：「那是不是我都不要再跟你們提就對了？我的鞋子是要壞得多慘，才能跟你們要？」

其實物資是否同意發放，本就是一種模糊的尺度拿捏。娜姐腳上穿的鞋子也是我們前陣子提供的，這回她要索取鞋時，卻只願意給我看一眼鞋底就立馬放下，然後惱羞成怒。

我實在也無奈於這場口水戰，試圖穩住自己說：「娜姐，請你不用生氣，你提物資需求時，我們能給你的就會給。不能給你時，也有跟你說明我們的為難和考量。鞋子的部分，我沒辦法因為你想多一雙備用鞋替換就給你，會發放的原因多半是為了安全考量或支持我們要工作的對象，希望你能理解。」一見她開始自己動手翻找櫃子，我最後補一句：「也請你尊重我們這裡的規範，不要自己翻動櫃子，謝謝你。」

她帶著滿臉怒氣，不發一語地拿起衣服去洗澡，隔著浴室門傳來的是混雜著水聲的咒罵和叫喊。

某種程度上，這個浴室也扮演著**「怒氣屋」**或**「悲傷屋」**的角色，我不只一次聽過無家者在裡頭一邊洗澡，一邊抒發情緒地大叫或大哭。

找出長遠服務的切入點

洗得神清氣爽之後，娜姐主動和我說：「對不起，我剛剛的態度比較不好，希望你能見諒。」這時候的她，彷彿剛剛豎起的毛從尖銳到柔軟。

對於她主動的道歉，我有種驚喜的心情，回應她：「沒關係，謝謝你這麼說。」

她又試探地詢問：「那我之後還可以來這裡嗎？」

我說：「當然可以啊！」心裡的感受宛如洗三溫暖一般，有點好氣，也有點同情。

娜姐的道歉展現了她也在用自己的方式希望維持關係，只是我們雙方維繫關係的動機截然不同。她因為希望繼續使用這個地方的資源，所以要和人打好關係，即便還在對我生氣，仍然用力地選擇與我和解。

而我期待的是能夠透過真正的雙向互動，有機會陪伴她觸碰到生活裡的核心困境，找出長遠而言有助於真正服務她的切入點。

既溫柔，又有原則和界線，有可能嗎？

我們的服務是以團隊為單位。一方面在意服務對象的主體性，希望盡可能地建立平等的互動關係；但同時為了讓團隊能長久服務，也尊重每個工作者有自己的風格、與自己更投緣的服務對象，表達拒絕或其他管理時，每個人也各有適合的口吻和方式。

在此前提下，整體運作及資源分配則必須盡可能地一致、互相告知，以免在個案眼中產生交情的差別待遇。

作為比較容易被服務對象標示為「好說話的人」，如何在對話中適當地設立界線，對我仍是一件相對費力，而必須去沉澱和消化的事。

有時自己也不太確定在面對個案時，試圖蒐集個人資料的那些對話，究竟是一廂情願地企圖單方面建立關係？抑或是因為不想太快招對方討厭而拖延拒絕的戰術？

曾有位無家者在一場公開講座中，和大家聊到他眼中的我是一個「堅強的人」，因此才可以在據點服務許多「個性詭異的人」。我對這個描述並不完全認同。其實，我內心也是會感到緊張的，會出於害怕而做出言不由衷的行為。

比起畫界線，我更熟悉和習慣的是自己的親切與耐性。但是在第一線助人工作中蹲點學習所帶來的反思是：**助人工作的本質不是要無條件地「取悅」每一位服務對象。**

例如，每次應對娜姐的壓力狀態，我總必須繃緊神經，努力找到不會激怒她，又能讓她理解的話語，堅定地表達自己的想法與感受，同時以包容的態度接納她沒有義務要接受，我也沒有責任迎合。意即，我要能接受她被拒絕後的負向情緒，同時選擇非暴力的態度，不意圖去威嚇、羞辱對方，或者朝對方叫罵。

這是一種選擇，無關對錯。無論是助人工作者還是服務對象，我們都需要承擔不同管理風格下的結果。

就像我們的「非暴力」、「開放式管理」，勢必會引發部分的排斥效應。有幾位比較年長或自認生活較單純的無家者，順著街上的風聲，便認定我們的據點是個龍蛇雜處的是非之地，表示：「我們很愛惜自己的羽毛，寧可不要過來這種複雜的地方。」也有無家者苦口婆心地勸告我們：「好好的地方被搞成這樣，真的很浪費、很可惜。」但過於嚴厲和權威型態的管理模式，有人埋單，也有人罵聲連連、拒絕前來。

在無家者服務據點之中，究竟為什麼會有人覺得龍蛇雜處呢？我想，除了部分據點的使用者在街頭和他人有一些前仇舊恨的糾葛，有人在外面做事風評極差，也有人會狐假虎威、凶神惡煞地擅自在外頭恐嚇其他人「不要過來據點，被我遇到就死定了」。

此外，如何管理在外喝酒後才過來據點的人亦是不容易的事：要踩在什麼樣的標準來下逐客令？要給予多少的寬容和彈性，來允許酒精反應不明的訪客純粹地入內安靜休息？

「你以為你是誰？」

除了面對個案前來索求的把關，有時為了管理秩序，還必須硬起心腸，對違反規範的人關上據點的大門。

阿輝來到據點時，很喜歡寫一些英文字，詢問我中文意思。當現場不忙時，比較有餘裕的狀態下，我會試著回答他。但某天在一片忙碌中，儘管我已多次表明暫時沒有空檔，他仍然像沒聽到般一而再、再而三地挑戰我忍耐的底線。

每當遇到這種與他互動非常不順暢的情況，一般的音量聽不清楚、同一句話跳針講五六遍，加上其他無家者的舉動會輕易惹怒他，我們就知道他酗酒的老毛病又犯了。之前他曾被我們禁足，是因為他拿寶特瓶裝滿酒精，魚目混珠地帶進據點卻被我們發現。然而大部分時候，他會聰明地在外面喝完才進來，讓我們沒有明確的證據可以指認。

我們在據點鮮少強調規範，但「**喝酒的人勿進入據點**」是最基本的規定。規範必須履行，這不但是為了大家一起配合和尊重，同時也避免醉茫茫的他在據點裡和其他人起糾紛，因此我盡可能地端出最嚴肅的神情，到他面前，先與他核對：「大哥，請問你今天是不是喝酒之後才進來據點的？」

醉酒的人多半是不會承認的，我連續問了兩次，他只用混沌的眼睛看著我，不予回應。儘管得不到回應，我還是必須維護應有的秩序：「我需要請你離開了。」

聽到這句話，他沒有多問一句「為什麼」，也沒有任何討價還價，只是默默地收好東西。到了門口，才刻意走到我面前重複說了三次：「Who do you think you are?」（你以為你是誰？）

我頂著其他幾位無家者注視的眼神，盡力板著嚴肅的神情看著阿輝的眼睛說：「我是這裡的管理者，請你尊重我們這裡的規範。」

他收拾背包，悻悻然地關上門離開，留給據點一段久違的寂靜，只剩電視中的音樂獨自播放。

儘管我終究選擇堅定立場地請他離開，但是面對這樣的情況，我心裡也需要時間消化。

不得不管理秩序，而必須在無家者的面前展演一種自己也很不熟悉的樣態時，我往往也感到焦慮與緊張，但明白這是同時作為「助人工作者」與「空間經營者」，這兩種角色必然要負起的任務。

我們不能讓每個人都滿意，也不會為了迎合誰而刻意把誰驅離，畢竟許多人都看彼此不順眼。在外頭，無論誰頂著什麼差評、誰與誰之間有什麼過節，社區據點能否作為休兵之地，公平地「**不看過去，只看當下**」地對待每個來到其中的人，並且如何拿捏寬容與紀律，始終是個挑戰。

我們都生活在同一個世界

如果不是在大學念社工系時，受到「**向貧窮者學習行動聯盟**」（**簡稱「窮學盟」**）的薰陶和實踐經驗的觀摩，我不確定現在的自己會不會如此投入無家者的助人工作。這個聯盟由台灣幾個關注「貧窮」議題的公民團體所形成，受到「國際第四世界運動」所啟發——一九五七年在法國首都巴黎一處貧民窟所誕生，致力於走向社會上最被噤聲與排斥的人，相信窮人身上有值得學習的智慧，也有加入社群成為行動者的能力。

貧窮者有什麼值得這個社會聆聽和學習的？其實非常多。在一場無家者的街道導覽活動中，當我跟著他們一起走在自己生活的城市裡，聽某位指出這棟建築物是他有參與的、另一位說那座橋是他曾一起建的……感覺有說不出的奇妙。

他們本來就是生活在同一座社區的一分子，只因為長期而言，貧窮者的經驗普遍被認為不重要，並且往往被排除在社會政策之外。但其實仔細聽他們的故事，能夠看見和這個社會發展攸關的過往。

對我個人而言，作為一個社會新鮮人以及年輕的助人工作者，也因此對於凝視每個無家者、每段服務關係的思索及更巨觀的背景探討深感興趣。儘管過程中面對各種挑戰，但正因為年輕、資歷較淺，我將之視為一種修煉的機會，也讓我在互動中不斷反思自己並持續學習。

這些養分也許無助於提升職場競爭力或薪資水平，卻深刻地關乎我如何**看待自己**、**尊重他人及理解世界**。深深感謝有這些街上相遇的老師們。

【後記】

從那座公園說起

就讀社工系期間撰寫大專生論文時，我曾每週泡在台北萬華的艋舺公園裡三天，進行田野調查。

當時提供我重要研究素材的報導人老高，是一位留了三十年長髮的六旬阿伯，每天從外縣市來到公園。並非經濟困難，卻以來到公園排隊領便當、與人互動視為生活重心，把在這裡相遇的人們視如自己的同溫層，彼此因著相近年代而更能互相照顧。因小兒麻痺而領有身心障礙手冊與補助的他，自稱日子過得如同在等死，「沒地方可以去啊，看不見未來，不知道能做什麼。」但我也看見他在公園裡富有活力的一面，和他人閒談打招呼、幫忙其他行動不便的長輩拿便當、關懷幾位有精神症狀的無家者。

在他的眼中，這座承載許多社會輿論與恐懼的公園，其實裡頭七成的使用者都是鰥寡孤獨。「這裡做什麼都很正常，跟監視器講話很正常，太正常的人反而顯得不正常。」當時的我，便曾被其他公園使用者視為「異類」，他們覺得我作為一個年輕大學生，應該「像個觀光客一樣路過、離開，而不是停下來」。

在這座許多人落腳棲息、不時有人醉酒衝突的公園，我看見其作為「公共空間」的重要潛力。如同老高在公園近十年的觀察，「老年人在這裡比較安全，發燒倒下去都立馬有人通知警衛，自己住家裡的反而沒人能夠注意到。」我也遇見了一些有租屋處、卻喜歡偶爾在公園過夜取暖的長輩。我著迷於這些意想不到的相遇。

尚未畢業成為正式的助人工作者時，我的大學生活因著在這裡的實際探索行動與見聞，確立了我對於在街頭與人相伴的熱情與好奇。當迷惘於自己作為志工角色的陪伴有何意義時，便曾遇到身處其中、熱心助人的無家者，真誠看著我與團隊夥伴的雙眼，說：「街友在社會裡都被看為最底層的，不要氣餒去堅持做這些事，要繼續關心、繼續落實你們的信仰去愛人！」

回到家鄉台中

回到家鄉台中，作為社會新鮮人，參與二〇二一年「旌旗教會無家者事工」（台灣國際禧年關懷協會）初期發展的創始期，帶著志工一起參與關懷行動。重點不是我作為社工獨善其身，而是如何以群體的基礎，持續搭建人際的橋梁，去學習和街頭流離者成為朋友。

我們從一開始便著重於台中街頭長期缺乏的一項服務——持續性的外展探訪關懷，藉由固定時間、地點的陪伴，和每位服務對象持續累積對談的深度與廣度，而非單次性發物資、拍個照即離開的蜻蜓點水。這也是一個把教會聚會變成「無牆」的城市行動，以行動實踐信仰。

二〇二三年，開啟了一座開放式的日間關懷據點「平等街小站」，可以洗澡、洗烘衣、平躺休息、人際互動，才正式在市區有了一個實體空間，接待需要的人。

相對於台北，台中在地社福組織的服務方案或對外行銷似乎較沒那麼多元或「吸睛」，但我也漸漸覺得，能長久堅持最基本卻是根本的探訪關懷，以腳踏實地的陪伴基礎去開展延伸的服務，亦能積少成多，發揮重大影響力。這樣「小而慢的溫柔革命」亦使我反思「愛」的本質，是重在過程，而非結果。我也相信行動所結出的果實必會自然伴隨在真誠關懷之後，卻又始終不是決定這個陪伴行動是否持續、這個人是否「值得」被如此付出的判斷依據。

我所站的位置

這幾年來，我們團隊固定每週四晚上到台中火車站探訪。許多時候已不用自我介紹，就會有熟識的大哥幫忙介紹給其他人說：「教會的來了。」

作為「教會的」，和我過往作為學生或協會志工，在探訪中遇到無家者的互動情境也會不同。

如同黃克先老師曾探討過無家者與宗教團體的互動，我們遇過有人在流浪生涯中受洗好幾遍，見不同宗教人士就說不同話語來取悅對方。我們會提醒志工，信任基礎尚未培養足夠前，貿然提出傳福音或代禱請求，都可能因著雙方關係的不對等——我們作為資源分配者，宗教信仰容易變成條件式的交換——而無法確實尊重到對方的自主性。

印象深刻，曾有一位手上戴著佛珠的大姐有段時間總躲著我們，因為她認為我們會像她遇過的牧師一樣，要她聽完講道才願意給她泡麵，她寧可不要。我們重新花費許多時間，讓她相信我們可以純粹地做朋友，尊重各自的信仰，後來她總算願意再次歡迎我們坐在她的報紙旁閒聊。

還有一次，我跟阿樹大哥約好要帶他去看醫生，卻和他原地僵持了一小時無法離開，原因是阿樹哥說：「我沒辦法跟你去捏。我問了其他人，說有教會的人要帶我去看醫生和公所，他們說不可能、沒有這種事，要我小心遇到詐騙的。

「基督教的不是都來禱完告就走了嗎？沒有人會這麼好，還真的帶人免費看醫生啦。

「我也很想相信你是真的，跟你一起去公所，但我又怕你是假的啊。」

阿樹哥的反應透露出他身處於街頭的日常經驗。許多人將無家者視為可以利用的肥羊，透過取得他們的證件辦手機門號、提供給詐騙集團而非法獲利，最終無家者作為提供身分的人，必須背負洗錢或詐欺罪名入獄服刑。此外，幾位無家者都曾表達過意見，不喜歡廣撒物資、大陣仗拍照，後續用以自我行銷或募款的團體，或不認同形式性祝福禱告展現關懷，卻缺乏後續的實質行動。

當我們自認為出於善意的「幫助」或「關懷」，會不會反倒讓當事人感到困擾？

「飢餓並不是單指食物，而是指對愛的渴求；赤身並不是指沒有衣服，而是指人的尊嚴受到剝奪；無家可歸並不單指需要一個棲身之所，而是指受到排斥和摒棄。除了貧窮和飢餓，世界上最大的問題是孤獨和冷漠。

「我們不能都做偉大的事，但我們可以用偉大的愛做小事。重要的不是我們給多少，而在於我們在給予時用了多少愛。」

——德蕾莎修女

對我而言，助人工作的旅程，也一直都在回應關於「我希望成為一個怎樣的人」的人生命題。

關於寫書這趟旅程

寫作過程，讓我在日常的助人工作中，退後一步用更宏觀的視角去觀看自身與社會，反思：我正站在什麼樣的位置上？帶著什麼心態來看待我的服務對象、一個個獨特的生命？我所承襲來自主流文化帶給我的價值觀，如何影響我去觀看、評估這些個案的狀態？如果我不滿意自己的做法或看法，我還可以選擇如何調整？

書寫過程總能察覺到一股無法全然放下的「心虛」。這份心虛主要有兩個面向。一是從始至終我都感受到的挑戰：如何拿捏寫作倫理。在「助人工作者」與「作者」的角色重疊之中，前者是我優先的身分，如何拿捏哪些服務中蒐集到的個人資料可以作為寫作素材？目前為了去識別化所做的處理，如何保持「非虛構寫作」真實呈現現場的品質，也兼顧對個人隱私的保護？我如何在撰寫故事時，盡可能取得當事人的知情同意，同時避免服務對象誤解了我「傾聽」的心意而破壞互動關係？

二是無論身為非虛構寫作者、抑或助人工作者，都需要時刻自我提醒的「謙卑」：我永遠無法確保自己對於事實有足夠完整的掌握，而必然有自己觀看位置上的盲點，對有些人事物的看法也暫時無法思索透澈而做出肯定的結論。

我感謝寫書過程也在助人工作中創造了新的話題，幫助我從不同面向瞭解個案的聲音。我聽見無家者回饋，如果自己的經驗，能夠鼓勵到他人，他會覺得很有意義。也有無家者自認沒什麼值得分享的，也對過往感到羞愧。

更感謝書寫促成了被理解的空間，我得以和不瞭解我的工作與服務對象的家人、朋友因此對話。

想知道，你是否也感受到什麼樣的共鳴？但願這是一本關於「我們」的書。

相關書目

（依本書內頁出現順序）

・《污名——管理受損身分的筆記》（*Stigma: Notes on the Management of Spoiled Identity*），高夫曼（Erving Goffman）著，曾凡慈譯，群學出版（二〇一〇）。

・《支配與抵抗的藝術——潛藏在順服背後的底層政治，公開與隱藏文本的權力關係》（*Domination and the Arts of Resistance: Hidden Transcripts*），詹姆斯・斯科特（James C. Scott）著，黃楷君譯，麥田出版（二〇二四）。

・《危殆生活——無家者的社會世界與幫助網絡》，黃克先著，春山出版（二〇二一）。

（以上書目出自推薦序）

・《少即是多——棄成長如何拯救世界》（*Less is More: How Degrowth Will Save the World*），傑森・希克爾（*Jason Hickel*）著，朱道凱譯，三采出版（二〇二二）。

・《受苦的倒影——一個苦難工作者的田野備忘錄》，魏明毅著，春山出版（二〇二三）。

・《精神疾病製造商——資本社會如何剝奪你的快樂？》（*Politics of the Mind: Marxism and Mental Distress*），伊恩・弗格森（Iain Ferguson）著，宋治德譯，時報出版（二〇一九）。

・《兩種心靈——一個人類學家對精神醫學的觀察》（*Of Two Minds: An Anthropologist Looks at American Psychiatry*），譚亞・魯爾曼（Tanya Marie Luhrmann）著，張復舜、廖偉翔譯，吳易澄審訂，左岸文化出版（二〇二一）。

・《下流老人——即使月薪5萬，我們仍將又老又窮又孤獨》（下流老人：一億総老後崩壊の衝撃），藤田孝典著，吳怡文譯，如果出版（二〇一六／二〇二三）。

・《窮人的經濟學——如何終結貧窮？》（*Poor Economics: A Radical Rethinking of the Way to Fight Global Poverty*），阿比吉特・班納吉（Abhijit V. Banerjee）著，許雅淑、李宗義譯，群學出版（二〇一六）。

・《無緣社會》（無縁社会），NHK特別採訪小組著，鄭舜瓏譯，新雨出版（二〇一四）。

【新書分享會】

《街頭的流離者》

——一名街頭社工與無家者的交會微光

楊小豌（社工）

2025／01／18（六）

時間｜15：00～16：00PM

地點｜金石堂台中店（台中市東區南京路66號2樓，秀泰生活台中站前店S2館）

洽詢電話：(02)2749-4988

＊免費入場，座位有限

國家圖書館預行編目資料

街頭的流離者：一名街頭社工與無家者的交會微光/楊小豌著. -- 初版. -- 臺北市：寶瓶文化事業股份有限公司, 2025.01
面； 公分. -- (Vision ; 266)
ISBN 978-986-406-452-6 (平裝)
1.CST: 街友 2.CST: 社會工作 3.CST: 通俗作品
4.CST: 臺灣

548.8733 113019017

Vision 266

街頭的流離者——一名街頭社工與無家者的交會微光

作者／楊小豌 社工
主編／丁慧瑋

發行人／張寶琴
社長兼總編輯／朱亞君
副總編輯／張純玲
編輯／林婕伃・李祉萱
美術主編／林慧雯
校對／丁慧瑋・陳佩伶・劉素芬・楊小豌
營銷部主任／林歆婕 業務專員／林裕翔 企劃專員／顏靖玟
財務／莊玉萍
出版者／寶瓶文化事業股份有限公司
地址／台北市110信義區基隆路一段180號8樓
電話／(02)27494988 傳真／(02)27495072
郵政劃撥／19446403 寶瓶文化事業股份有限公司
印刷廠／世和印製企業有限公司
總經銷／大和書報圖書股份有限公司 電話／(02)89902588
地址／新北市新莊區五工五路2號 傳真／(02)22997900
E-mail／aquarius@udngroup.com

著作完成日期／二〇二四年十一月
初版一刷日期／二〇二五年一月
初版一刷+日期／二〇二五年一月七日
ISBN／978-986-406-452-6
定價／三九〇元

寶瓶文化．愛書人卡

感謝您熱心的為我們填寫，對您的意見，我們會認真的加以參考，
希望寶瓶文化推出的每一本書，都能得到您的肯定與永遠的支持。

系列：Vision 266　書名：街頭的流離者——一名街頭社工與無家者的交會微光

1. 姓名：＿＿＿＿＿＿＿＿＿＿＿性別：□男　□女

2. 生日：＿＿＿年＿＿＿月＿＿＿日

3. 教育程度：□大學以上　□大學　□專科　□高中、高職　□高中職以下

4. 職業：＿＿＿＿＿＿＿＿＿＿＿＿＿＿＿＿＿＿＿＿＿＿＿＿＿＿

5. 聯絡地址：＿＿＿＿＿＿＿＿＿＿＿＿＿＿＿＿＿＿＿＿＿＿＿＿

聯絡電話：＿＿＿＿＿＿＿＿＿＿＿＿＿＿＿＿＿＿＿＿＿＿＿＿

6. E-mail信箱：＿＿＿＿＿＿＿＿＿＿＿＿＿＿＿＿＿＿＿＿＿＿＿

□同意　□不同意　免費獲得寶瓶文化叢書訊息

7. 購買日期：＿＿＿年＿＿＿月＿＿＿日

8. 您得知本書的管道：□報紙／雜誌　□電視／電台　□親友介紹　□逛書店
□網路　□傳單／海報　□廣告　□瓶中書電子報　□其他

9. 您在哪裡買到本書：□書店，店名＿＿＿＿＿＿＿＿＿＿＿＿＿＿＿
□劃撥　□現場活動　□贈書
□網路購書，網站名稱：＿＿＿＿＿＿＿＿＿＿＿＿＿＿＿　□其他

10. 對本書的建議：＿＿＿＿＿＿＿＿＿＿＿＿＿＿＿＿＿＿＿＿＿＿

11.希望我們未來出版哪一類的書籍：＿＿＿＿＿＿＿＿＿＿＿＿＿＿

廣 告 回 函
北區郵政管理局登記
證北台字15345號
免貼郵票

寶瓶文化事業股份有限公司 收

110台北市信義區基隆路一段180號8樓

8F,180 KEELUNG RD.,SEC.1,

TAIPEI.(110)TAIWAN R.O.C.

（請沿虛線對折後寄回，或傳真至02-27495072。謝謝）